이화유치원

교육과정 운영의 실제

만 3세 ❶ 즐거운 유치원

이화유치원

교육과정 운영의 실제

만 3세

1 즐거운 유치원

이화여자대학교 사범대학 부속이화유치원

(주)교 문 사

머리말

올해로 97년의 오랜 역사와 전통을 자랑하는 이화유치원은 우리나라에서뿐만 아니라 전 세계에서 탁월한 유아교육을 실행하는 유치원으로 높이 평가받고 있습니다. 이화유치원은 이에 긍지와 자부심, 책임감을 가지고 있으며, 무한한 가능성을 가진 유아들이 바르고, 착하고, 아름답게 자랄 수 있도록 최적의 교육환경과 교육과정을 제공하기 위해 항상 노력하고 있습니다. 더 나아가 미래사회를 책임질 유아들의 건강한 성장과 발달을 위해 끊임없이 새로운 프로그램을 개발하고, 유아교육의 질을 제고하기 위한 연구를 지속하여 유아교육 발전을 선도해 가고 있습니다.

유아의 성장 및 발달에 적합한 환경과 교육과정으로 질 높은 유아교육을 충실히 실행하는 것이 이화유치원의 중요한 사명 중 하나라면 또 다른 중요한 사명은 유아의 발달 및 유치원 교육과정, 교수방법, 교육환경 등에 관한 연구를 수행하고 그 결과를 출판하여 보급하는 것입니다. 이에 따라 이 책 『이화유치원 만 3, 4, 5세 교육과정 운영의 실제』는 이화유치원의 중요한 사명을 성공적으로 완수해 낸 결과물인 것입니다.

이화여자대학교 사범대학 부속이화유치원에서 1992년과 1995년 두 번에 걸쳐 『만 3, 4, 5세 어린이를 위한 유치원 교육과정 운영의 실제』를 출판한 지 어느덧 16년이 지났습니다. 2004년에 이화유치원 창립 90주년 기념행사를 성황리에 개최한 이후 새로운 『만 3, 4, 5세 유아를 위한 이화유치원 교육과정 운영의 실제』를 출판하기 위한 준비 및 집필 작업을 계속해 왔고 드디어 2011년에 출판하게 됨을 매우 기쁘게 생각합니다.

『이화유치원 만 3세 교육과정 운영의 실제』의 1학기 생활주제는 「즐거운 유치원」, 「나」, 「봄」, 「가족」, 「동물」, 「여름」이고, 2학기 생활주제는 「교통기관」, 「우리나라」, 「소비생활」, 「가을」, 「겨울」입니다. 기존 만 3세 교육과정 운영의 실제에서 제시한 생활주제 중 「즐거웠던 여름방학」을 「여름」으로 통합했고, 「가족」과 「소비생활」을 새로운 생활주제로 추가했습니다.

『이화유치원 만 3세 교육과정 운영의 실제』는 동일하게 3개의 장으로 구성되어 있습니다. 1장에서는 각 생활주제 선정의 의의와 교육 목표를 소개했습니다. 생활주제에서 다루어야 할 학습 내용을 2~5개의 주제로 구분하고, 주제별로 교육 목표와 내용을 설명했습니다. 2장에서는 교육환경에 대해 소개했습니다. 원내와 교실의 흥미 영역을 교육 내용에 적합하게 구성하는 방법을 설명했고, 사진을 실례로 소개했습니다. 3장에서는 생활주제에 적합한 교육활동을 주제별로 소개했습니다. 교육활동의 전개 방법에서는 유아들이 흥미를 가지고 능동적으로 참여하여 교육 내용을 이해하고 학습할 수 있도록 하기 위해 교사가 만 3세 유아들의 발달 수준, 지식, 경험 등에 적합한 교육적 대화를 어떻게 나누는지를 소개하는 데 중점을 두었습니다. 이 책에 수록된 교육활동을 현장에서 실시할 때 도움이 되도록 교사의 질문 및 언어적 상호작용을 구체적으로 자세하게 기술하였고, 내용을 쉽게 이해할 수 있도록 사진 및 삽화를 수록했습니다. 활동 시 참고할 사항을 Tip으로 제시했고 유의점에 주의해야 할 사항을 설명했습니다. 또한 확장활동 및 관련활동을 제시하여 교육활동들 간의 연계성을 강조했습니다. 부록에는 주간교육계획안과 일일교육계획안의 예시를 수록하여 실제 교육계획안 수립 시 참고할 수 있도록 했습니다.

이화유치원에서는 교육과정의 학습경험 설정 및 효과적 조직에서 요구되는 세 가지 준거—계속성(continuity), 계열성(sequence), 통합성(integraty)—를 갖추고자 지속적인 연구와 노력을 거듭하고 있습니다. 이 책에서는 만 3, 4, 5세 교육과정 간 계속성, 계열성, 통합성에 초점을 맞추어 연구 · 개발된 새로운 생활주제, 주제 및 교육활동들을 소개했습니다. 또한 본 유치원에서 지난 10여 년간 실행해 온 각종 연구들—기본생활습관교육, 소비자교육, 극놀이, 요리활동, 종일반 프로그램, 수학교육, 리더십교육, 언어교육, 동작교육, 문학교육, 전통문화예술교육—을 통해 새롭게 개발된 생활주제, 주제 및 교육활동들을 이 책에 소개했습니다. 기존 『만

3세 어린이를 위한 유치원 교육과정 운영의 실제』에 수록되었던 활동들의 경우, 최근 유아들의 발달적 특성, 요구, 흥미에 적합하게 또한 시대적 변화와 요구에 부응할 수 있도록 수정 · 보완해서 소개했습니다.

그동안 이 책이 출판될 수 있도록 도와주신 여러 분들께 머리 숙여 감사를 드립니다. 먼저 『이화유치원 만 3세 교육과정 운영의 실제』를 함께 집필해 주신 이화유치원 전 · 현직 교사들—오지영, 김혜전, 이지현, 임예지, 장현진—께 감사를 드립니다. 유아교육 발전을 위한 이화유치원의 사명을 완수하기 위해 지난 몇 년간 주말이나 공휴일은 물론이고 방학에도 쉬지 못하면서 이 책의 집필 과정에 참여해 주신 여러 분들의 헌신적 노력은 유아교육의 역사에서 오래 기억될 것입니다. 이 책의 집필 과정에서 여러모로 도움을 주신 이화유치원 전 · 현직 교사들—이정현, 차기주, 홍서연—께도 깊은 감사를 드립니다. 또한 이 책을 출판해 주신 (주)교문사 류제동 사장님, 정용섭 부장님을 비롯한 직원 여러 분들께도 진심으로 감사를 드립니다.

끝으로 이 책이 출판될 수 있도록 간접적으로 도와주신 분들께도 감사를 드립니다. 그동안 유아교육을 공부하는 학부생 및 대학원생, 유아교사, 유아교육학자, 유아교육 전문가 및 행정가, 심지어 학부모들께서도 이 책이 언제 출판되는지를 문의하고 출판을 서둘러 주기를 부탁하셨습니다. 『이화유치원 만 3, 4, 5세 교육과정 운영의 실제』를 하루빨리 출판해 달라는 많은 분들의 요청이 저희들에게 든든한 힘과 격려가 되어 주었기에 이 자리를 빌려 감사의 마음을 전하며, 여러분들께서 기대하신 만큼 큰 도움 받으시기를 바랍니다.

2011년 7월 25일

집필진 대표 홍용희

차 례

2. 유치원에서의 안전한 생활 77

1 장

생활주제 선정의 의의와 목표

1장 생활주제 선정의 의의와 목표

1. 생활주제 선정

유아들은 유치원에서 집단생활을 경험한다. 특히 만 3세 유아들은 가정환경이 아닌 공동체 환경을 처음 경험하는 경우가 많다. 유아들이 가정을 떠나 불안함과 두려움을 느끼지 않고 유치원에 편안하게 적응하기 위해서는 가정에서 유치원으로의 전이가 순조롭게 이루어져야 한다. 유아들은 유치원에서 가정과 같은 아늑한 분위기를 느끼고 친구들, 선생님들과 함께 즐거운 생활을 함으로써 새로운 환경에 자연스럽게 적응할 수 있다. '즐거운 유치원' 생활주제는 유아들이 유치원이라는 새로운 집단생활에 성공적으로 적응하여 즐겁고 안전하게 생활할 수 있도록 선정된 주제이다.

2. 주제 및 목표 선정

'즐거운 유치원' 생활주제는 '유치원에서의 즐거운 생활', '유치원에서의 안전한 생활' 로 구성되었다.

생활주제	주 제
즐거운 유치원	유치원에서의 즐거운 생활
	유치원에서의 안전한 생활

각 주제별 교육 목표 및 교육 내용은 다음과 같다.

주 제	분 류	목표 및 내용
1. 유치원에서의 즐거운 생활	교육 목표	• 나는 ○○○반의 어린이임을 안다. • 친구들과 사이좋게 지낸다. • 유치원의 활동에 관심을 갖고 즐겁게 참여한다.
	교육 내용	'유치원에서의 즐거운 생활' 주제는 유아들이 자신이 속한 공동체인 학급의 이름을 알고 학급 일원으로서 나를 인식할 수 있도록 하는 교육활동을 실시한다. 유아들이 같은 공동체 구성원인 선생님, 친구들에게 관심을 가지며, 서로 즐겁게 지내기 위한 기본적인 사회적 기술을 학습하도록 한다. 아울러 유치원에서 이루어지는 다양한 활동에 즐겁게 참여함으로써 유치원 생활에 편안하게 적응하는 교육 내용을 포함한다.
2. 유치원에서의 안전한생활	교육 목표	• 유치원에서 지켜야 할 규칙이 있음을 안다. • 유치원 시설 및 교구의 바른 사용법을 안다. • 유치원의 규칙을 잘 지킨다. • 유치원의 시설 및 교구를 안전하고 바르게 사용한다. • 유치원에서 안전하게 생활하는 태도를 갖는다.
	교육 내용	'유치원에서의 안전한 생활' 주제는 유아들이 유치원에서 안전하고 건강하게 생활하기 위해 필요한 지식을 배우고 실천하는 교육 활동을 실시한다. 유치원의 시설 및 교구의 올바른 사용법을 알고 놀이 할 수 있도록 지속적으로 지도하며, 유아들이 안전한 생활을 습관화하도록 한다. 또한 다른 사람과 즐겁고 안전하게 생활하기 위해 필요한 규칙을 지키도록 하는 교육 내용을 포함한다.

2장

환경 구성

2장

환경 구성

1. 실내 환경: 현관, 복도

1) 게시판

현관 게시판에 유치원 교육활동과 관련한 각종 안내사항을 게시한다. 연령별로 안내 내용이 다를 경우, 해당 학급표시를 사용하여 학부모들이 각 학급과 관련된 안내사항을 쉽게 확인할 수 있도록 한다. 학기 초 게시판에는 개학일, 신입 원아 부모 모임, 부모 집단 면담일, 분반 및 단축 수업 일정 등을 안내한다. 또한 급·간식 식재료의 원산지를 매일 게시한다.

3월 유치원 현관 게시판

2) 복도 벽면

복도 벽면에 유아들의 유치원 생활 모습과 유치원의 모습, 지난해에 실시되었던 각종 행사·학사 사진을 전시하여 일 년간의 유치원 생활을 소개한다. 또한 학기 초 각 학급에서 그린 첫 번째 그림을 벽면에 전시한다.

전년도 행사·학사 사진

첫 그림

그 밖에 원장실, 서무실, 교무실, 주방, 유희실, 시청각실, 도서실, 각 학급 교실 및 참관실, 화장실 등 유치원의 각 시설에 표지판을 붙인다.

3) 복도 영역

유아들이 학급 이외의 공간에서 다른 학급의 친구들과 만나 함께 놀이할 수 있도록 복도에 공동 놀이 영역(복도 영역)을 구성한다. 유아들의 놀이에 대한 흥미와 유치원의 중요한 행사나 일정에 따라 언어 영역, 수학 · 조작 영역, 역할 놀이 영역, 상상 놀이 영역, 각종 전시 공간 등으로 교체한다. 학기 초의 경우 편안하고 아늑한 분위기를 조성하기 위해 언어 영역으로 구성한다.

복도 영역에 구성된 언어 영역 전경

4) 개인장

유아가 스스로 물건을 정리할 수 있도록 복도에 유아 개인장을 제공하고 서랍에 각 유아의 이름을 붙인다. 유아의 이름 옆에는 유아들이 각자 정한 표시 그림(만 3세 유아들이 이름 글자 대신 자신을 식별할 수 있도록 정한 그림)을 붙여 유아가 자신의 개인장을 찾을 수 있도록 한다. 서랍장 안에는 유아들의 작품을 보관하며 장 안쪽 면에 옷걸이를 부착하여 겉옷과 여벌옷 봉투를 걸 수 있도록 한다. 장의 아래 칸에는 실내화와 실외화를 보관하는 곳을 각각 마련한다. 개인장은 유아들이 손쉽게 이용할 수 있도록 만 3세 유아들의 신장에 적절한 것으로 준비하고 동선과 접근의 용이성 등을 고려하여 배치한다.

유아 개인장

5) 교육 계획안 게시판

부모들이 주간 교육 계획, 하루 일과 계획 및 교육활동의 실제를 살펴볼 수 있도록 교실과 가까운 복도 벽면에 주간 교육 계획안 및 일일 교육 계획안을 게시한다.

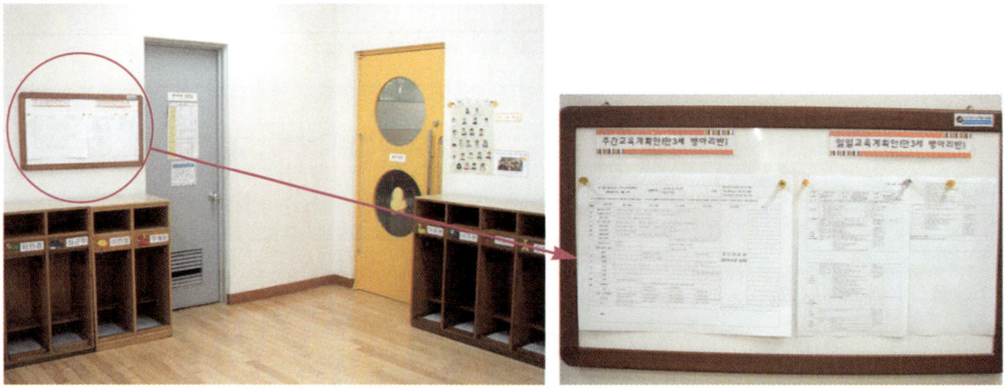

교육 계획안 게시판

2. 실내 환경 : 교실

- 생활주제 : 즐거운 유치원
- ○○○반 흥미 영역 배치도 　　　　○○○○학년도 ○월 ○주 ~ ○월 ○주

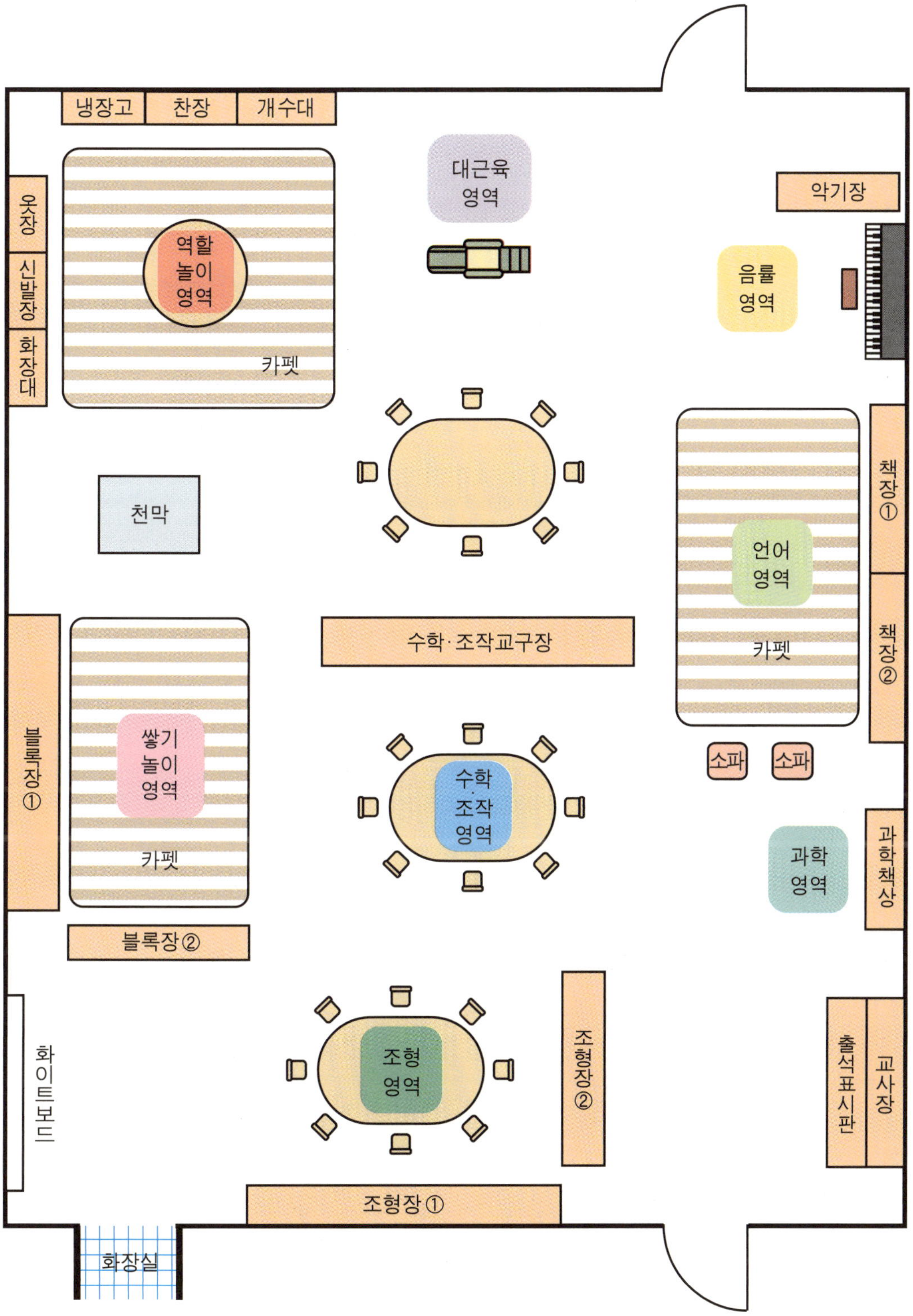

1) 교실 벽면

(1) 교실 문 학급 표시 및 학급 소개판

각 학급을 표시하는 그림과 글씨를 교실 문에 붙인다. 교실과 가까운 복도 벽면에 학급 유아들의 개인 사진과 이름을 붙여놓아 유아들이 같은 학급에 어떤 친구들이 있는지 알고, 학급에 대한 소속감과 친밀감을 느낄 수 있도록 한다.

교실 문 학급 표시

학급 소개판

(2) 출석 표시판

등원 시 이름표를 붙여 출석을 표시하는 판을 교실 입구에 준비한다. 이름표 앞면에 유아의 사진을 붙여 이름표를 쉽게 식별하고 새로운 친구들의 얼굴을 익힐 수 있도록 한다. 뒷면에는 벨크로테이프, 자석 등을 이용하여 유아들이 이름표를 출석 표시판에 쉽게 떼었다가 붙일 수 있도록 한다. 출석 표시판은 생활주제에 관련된 그림으로 교체한다. '즐거운 유치원' 에서는 학급을 상징하는 그림(예: 병아리 등)을 사용하여 유아들로 하여금 한 학급의 구성원이 되었음을 알고 소속감을 가질 수 있도록 한다.

출석 표시판

(3) 벽면 전시

교실 벽면에는 어린이들이 유치원에서 놀이하는 모습, 친구와 사이좋게 지내는 모습(예: 놀잇감 양보하기, 인사 나누기 등), 선생님께 바르게 인사하는 모습, 일상생활모습(예: 세수하기, 양치하기, 옷 입기, 밥 먹기, 운동하기 등)이 담긴 그림 또는 사진을 게시한다.

(4) 소집단 표시판

만 3세 학급에서는 유아를 소집단으로 나누어 집단활동을 하는 경우가 많으므로 유아들이 어떤 집단에 소속되었는지를 표시하는 소집단 표시판이 필요하다. 교사는 색깔이 다른 3~4개의 소집단 표시판에 유아들의 표시 그림을 붙여 집단을 나누고, 활동 시 유아들에게 알린다.

표시 그림은 유아마다 각기 다른 모양의 그림(예: 자동차, 꽃, 나비, 토끼 등)을 사용하는데, 학기 초에 유아들이 그림을 선택하도록 한다. 유아들이 정한 표시 그림은 소집단 표시판, 개인장의 서랍 등에 붙여 유아들이 자신과 친구들의 표시를 알 수 있도록 한다.

소집단 표시판

(5) 활동 장소 표시판

교육활동은 활동의 특성에 따라 각 학급 교실 이외의 장소에서 이루어지기도 한다. 유아나 부모, 타 학급 교사, 참관생들이 유아들이 이동한 장소를 알 수 있도록 교실의 문 앞에 이동할 활동 장소 표시판을 걸어 놓는다. 각 장소로 처음 이동하여 활동하는 날 유아들에게 활동장소 표시판을 보여주고 표시판이 나타내는 장소와 표시판 사용방법을 소개한다.

활동 장소 표시판

(6) 달 력

유아들이 쉽게 알아볼 수 있도록 숫자의 크기가 큰 달력을 유아의 눈높이에 맞게 벽면에 건다. 달력에는 그 달의 생일이 있는 유아의 사진을 해당하는 날짜에 붙이고 유아들이 열어볼 수 있도록 사진 위에 다양한 모양의 그림덮개를 붙인다.

유아의 생일이 표시된 달력

(7) 흥미 영역 표시

각 흥미 영역마다 영역 표시를 붙인다. 이와 함께 각 영역에서 유아들이 활동하고 있는 모습, 각 영역에서 할 수 있는 놀이와 관련된 사진 등을 해당 영역의 벽면이나 교구장에 붙인다.

흥미 영역 전경 및 표시

(8) 동물 먹이 바구니

유아들이 집에서 가져온 동물 먹이를 담을 수 있는 바구니를 준비한다. 바구니 위에는 유치원에서 키우는 동물과 그 동물이 먹을 수 있는 먹이 그림을 붙인다. 유아가 동물 먹이를 가지고 오면 바구니에 담아두었다가 실외자유선택활동 시간에 직접 동물들에게 줄 수 있도록 한다.

(9) 잃어버린 물건 바구니

유아들이 자신의 물건을 찾아갈 수 있도록 잃어버린 물건을 한 곳에 모으는 바구니를 준비한다. 학급별 바구니 외에 공동 영역에도 바구니를 준비하여 실외, 복도, 유희실 등에서 분실한 물건을 담아둘 수 있게 한다. 교사는 수시로 이를 확인하고 공지하여 물건을 찾아갈 수 있도록 한다.

동물 먹이 바구니 및 잃어버린 물건 바구니

2) 흥미 영역

(1) 언어 영역

언어 영역은 햇빛이 잘 들고 조용한 곳에 배치한다. 안정적인 분위기를 위해 왕래가 잦거나 소음이 많은 장소와 떨어진 곳으로 정한다. 또한 유아들의 시력을 보호할 수 있도록 채광이나 조도를 고려한다. 바른 자세로 책을 볼 수 있게 하기 위하여 책상이나 소파 등을 제공한다. 소파는 유아들이 책을 보는 기능 이외에 휴식의 기능도 하므로 푹신한 쿠션이나 인형을 함께 제공하여 유아들이 편안함과 안정감을 느끼도록 한다. 아울러 바닥에 카펫을 깔아 유아들이 편안함을 느끼며 책을 볼 수 있도록 한다.

책장은 유아가 맨 위 칸의 책을 쉽게 꺼낼 수 있는 높이로, 유아들이 한눈에 어떤 책인지 알아볼 수 있도록 그림책의 앞표지가 1/2 이상 보이는 것을 준비한다. 책을 배열할 때 그림책의 표지가 다른 책에 의해 가려지지 않도록 크기가 작은 책은 아래 칸에, 크기가 큰 책은 위 칸에 둔다. 책의 권수는 유아의 수를 고려하여 전체 유아의 수보다 조금 많은 수로 제시한다. 책의 수가 적을 경우 유아들이 자신의 흥미에 맞는 책을 고르지 못하거나 다양한 책을 탐색할 기회가 줄어들며, 지나치게 많을 경우에는 오히려 책을 탐색하는 데 어려움을 느끼고 책에 대한 흥미가 줄어들 수 있다.

생활주제 '즐거운 유치원' 이 실시되는 시기는 학기 초이므로 유아가 안정적으로 유치원 생활에 적응할 수 있도록 유치원 생활을 소개하거나 유치원에서 지켜야 할 규칙을 소개하는 내용의 책을 제시한다. 그 밖에 정보를 제공하는 책, 동시집, 간단한 사물 그림책 등 유아들의 발달에 적합한 다양한 종류의 책을 준비한다. 또한 여러 가지 모양, 크기, 재질의 그림책을 내어주어 유아들이 그림책에 대한 다양한 경험을 할 수 있도록 한다. 생활주제를 전개 중 1~2주 단위로 유아의 발달 수준과 흥미 등을 고려하여 책을 교체한다.

언어 영역 전경

(2) 쌓기 놀이 영역

쌓기 놀이 영역은 주로 많은 수의 유아들이 활발하게 상호작용하고 유아들의 이동이 많은 영역이므로 동적인 영역(예: 역할 놀이 영역 등) 근처에 배치한다. 유아들이 블록을 자유롭게 사용할 수 있도록 넓은 공간을 마련하고, 블록 구성 시 발생하는 소음을 줄이기 위하여 카펫을 깐다. 블록과 소품 아래에 밑그림을 붙여 유아들이 스스로 정리정돈을 할 수 있도록 한다.

만 3세 초기의 발달특성을 고려하여 블록과 소품을 준비한다. 무겁고 부피가 큰 플라스틱이나 나무블록은 안전사고를 유발할 수 있으므로 천이나 종이, 우레탄 재질의 큰 블록을 제공한다. 또한 구조물을 구성할 수 있도록 사각형, 삼각형, 원기둥 등과 같은 기본 형태의 블록을 제공한다. 그 밖에 유아들의 개인적 성향과 발달 수준을 고려하여 코코블록, 자석블록, 끼우기 블록, 차도블록 등과 같이 크기 및 활용방법이 다양한 블록을 준비한다.

교통기관 모형(예: 자동차, 비행기 등) 등의 소품을 제공하되 플라스틱이나 쇠 재질보다는 천이나 고무, 나무 재질로 선정한다. 대근육을 활용할 수 있도록 유아가 직접 탈 수 있는 큰 자동차도 제공한다. 이와 같은 블록이나 소품은 여러 명의 유아가 동시에 사용할 수 있도록 같은 종류로 여러 개 준비한다.

쌓기 놀이 영역 전경 및 교구장

보드리 블록

코코블록

종이벽돌블록

차도블록

'즐거운 유치원' 생활주제에서 제공할 수 있는 블록의 예

(3) 역할 놀이 영역

역할 놀이 영역은 유아들의 움직임이 많고 놀이의 양상이 다양하게 나타나는 영역이므로 이를 고려하여 배치한다. 특히, 쌓기 놀이 영역과 인접하게 배치하면 놀이의 주제가 다양해지고 놀이의 내용이 풍부해질 수 있다. 교구장 및 가구와 소품의 크기, 무게, 높이는 유아들의 신체발달에 알맞은 것으로 준비하여 사용 시 불편함이 없고 안전할 수 있도록 한다. 지나치게 많은 교구를 제시하면 유아들이 오히려 소품을 선택하여 놀이하는 데에 어려움을 느낄 수 있으므로 적당한 양의 교구를 제공한다. 유아들이 스스로 정리정돈을 할 수 있도록 교구 자리 밑에 밑그림을 붙인다. 냉장고, 개수대, 화장대와 같이 문이 닫혀 있어 안에 들어 있는 물건이 보이지 않는 경우 문의 바깥 면에 수납된 물건의 사진을 붙인다.

생활주제 '즐거운 유치원'이 전개되는 시기는 유아들이 유치원 환경에 적응하는 때이므로 가정과 같은 분위기로 아늑하게 꾸며 친숙함을 느낄 수 있도록 한다. 유아들이 가족 놀이를 할 수 있도록 교구장과 가구(예: 화장대, 옷장, 탁자, 개수대, 조리대, 그릇장, 냉장고) 및 주방용품(예: 여러 가지 컵과 그릇, 숟가락, 젓가락, 포크, 놀이용 칼, 뒤집개, 수세미, 모형 세제, 전자레인지, 가스레인지, 믹서기 등), 의상(예: 한복, 봄철 원피스, 고무줄로 된 바지, 앞치마, 모자, 신발 등) 그리고 기타 소품(예: 가방, 지갑, 다 쓴 화장품 통, 빗, 돗자리, 여러 가지 음식 모형, 유모차, 쇼핑 카트, 여러 가지 인형 등)을 준비한다.

역할 놀이 영역 전경

(4) 수학 · 조작 영역

수학 · 조작 영역은 개별 유아 혹은 2~3명의 유아들이 탐색활동을 하는 곳으로, 언어 영역, 조형 영역 근처의 조용한 곳에 배치한다. 만 3세 유아의 일반적인 발달 수준과 개별적인 발달 특징을 고려하여 교구를 선택하고 다양한 재질과 종류의 교구를 제공하도록 한다. 교구 제공 시 쟁반이나 바구니 등을 교구의 밑받침으로 사용하며, 작은 조각이 있는 교구는 작은 그릇에 조각을 담아 분실을 막고 유아들이 쉽게 교구를 꺼내고 정리할 수 있게 한다. 생활주제 '즐거운 유치원' 실시 시기는 유아들이 유치원에 적응하는 기간이므로 기본생활습관, 유치원 생활, 유치원에서 지켜야 할 규칙 등의 내용이 담긴 조작교구를 준비한다. 이와 함께 기본적인 도형을 변별할 수 있도록 하는 수학 · 조작 교구, 조각 수가 적은 퍼즐 등을 제공한다.

수학 · 조작 영역 교구장

(5) 과학 영역

과학 영역에 금붕어, 열대어, 개미, 달팽이 등의 동물을 기르고 관찰하는 곳을 마련하여 유아들이 동물의 성장 및 습성에 대하여 알고, 동물을 사랑하고 돌보는 마음을 가지게 한다. 교실 곳곳에 화분을 두고 식물을 키워 유아들이 식물이 자라나는 모습을 관찰하고 식물의 성장에 관심을 가지도록 한다. 또한 여러 가지 모양의 만화경과 다양한 크기의 확대경을 준비하고, 만화경을 통하여 볼 수 있는 것의 사진, 확대경을 사용하고 있는 어린이의 사진 등의 화보를 게시한다.

과학 영역 전경

(6) 조형 영역

조형 영역은 유아들의 창의적인 활동이 이루어지는 곳이므로 다른 유아나 교육활동에 의해 방해받지 않는 곳에 배치한다. 조형활동 중 물이 필요한 경우가 많으므로 물 사용이 용이한 장소로 정하고, 조명이 밝은 곳에 조형 영역을 배치하도록 한다. 유아들이 사용했던 재료들을 정리할 수 있도록 자료의 밑그림을 교구장에 붙여 놓으며, 물감을 사용하는 조형활동을 위해 유아들이 작품을 건조할 수 있는 이동식 건조대(예: 이동식 빨래 건조대 등)를 준비해 둔다. 활동 시 책상을 보호하기 위해 책상 위에 작업보를 덮어 두고, 유아들이 활동할 때 입을 수 있는 작업복을 준비한다.

생활주제 '즐거운 유치원' 실시 시기는 유아들이 유치원 생활에 적응을 하는 때이므로 다양한 재료를 제공하기보다 기본적인 재료만을 제시하여 만들기 및 그림 그리기 등의 기본적인 활동을 할 수 있도록 하며 2학기에 보다 많은 자료를 추가하여 제시한다.

- 그리기 도구: 매직, 사인펜, 네임펜, 크레파스, 색연필, 색종이, 색도화지(8절/16절 크기) 등
- 만들기 도구: 안전가위, 풀, 셀로판테이프 등
- 만들기 재료: 다양한 종류의 재활용품(예: 종이상자, 치약상자, 요구르트병, 플라스틱 통 등)
- 정리용 도구: 소형 빗자루, 쓰레받이, 물걸레 등

조형 영역 전경

작업복

재활용품장

그리기 도구

(7) 음률 영역

음률 영역은 유아들이 악기의 소리를 충분히 탐색할 수 있고, 다른 영역의 활동에 방해가 되지 않는 곳에 배치한다. 유아들이 사용했던 악기를 정리할 수 있도록 악기의 자리 표시 사진을 교구장에 붙인다. 악기의 종류에 따라 악기를 교구장에 올려두거나 벽에 걸어둔다.

음률 영역 전경

생활주제 '즐거운 유치원'이 실시되는 학기 초에는 유아들이 쉽게 연주할 수 있는 리듬악기(예: 북, 캐스터네츠, 막대탬버린, 마라카스 등)를 준비하되, 같은 종류의 악기를 두 개 이상 제시한다.

(8) 대근육 영역

움직임 욕구가 큰 만 3세 유아들을 위하여 학기 초 학급 안에 대근육 영역을 마련한다. 대근육 영역은 유아들이 활발하게 움직이는 공간이므로 쌓기 및 역할 놀이 영역과 같은 동적인 영역과 인접한 곳에 배치한다. 안전사고가 일어나지 않도록 바닥이 미끄럽지 않은 곳에 기구를 설치하고, 기구가 움직이지 않도록 바닥에 고정한다(예: 그네 받침대의 아랫부분을 셀로판테이프를 이용하여 바닥에 고정하기 등). 미끄럼틀은 유아들이 착지하는 곳에 카펫이나 깔개를 깔아 착지 시의 충격이 카펫 · 깔개에 흡수되도록 한다. 그네 주변에는 색테이프로 안전선을 표시하여 지나가는 유아들이 그네에 부딪치지 않도록 한다.

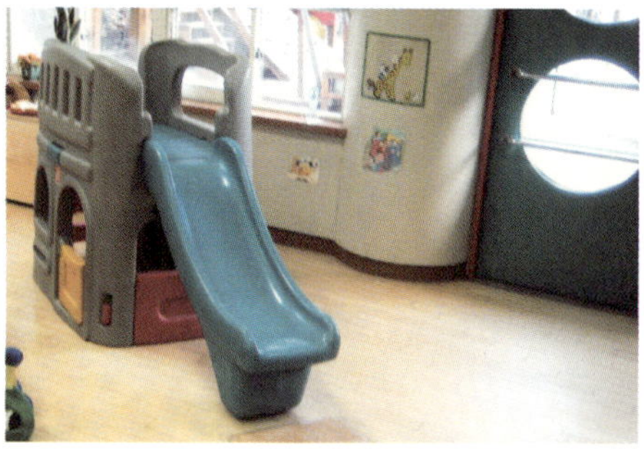

미끄럼틀

2인용 그네

(9) 기타 영역

① 천막집

학기 초 유아들이 긴장을 풀고 가정과 같이 편안한 분위기를 느끼며 기관 생활에 적응할 수 있도록 개인 공간인 천막집을 제공한다. 놀이중간에 휴식을 원하는 유아들이 들어가 쉴 수 있도록 천막집 안쪽에 푹신한 느낌의 바닥 깔개와 인형, 쿠션 등을 제공하여 아늑한 분위기를 연출한다. 천막집은 주로 휴식 및 개인 공간으로 사용되나 역할 놀이, 쌓기 놀이와 연계하여 사용할 수 있다(예 : 가정집 놀이하기, 음식 배달 놀이하기 등). 천막집 외에도 교실 구석에 커튼을 달거나 발을 쳐주어 조용하고 안정된 공간을 마련한다.

천막집

② 화이트보드

유아들이 넓은 공간에 자유롭게 그림을 그릴 수 있도록 학급의 벽면에 화이트보드를 제공한다. 화이트보드의 크기는 교실의 공간 및 크기를 고려하여(예: 140×100cm) 준비한다. 네 가지 색의 펜에 끈을 길게 달아 벽면에 붙이고, 화이트보드 양쪽으로 지우개를 넣을 수 있는 통을 달면 사용과 정리가 용이하다.

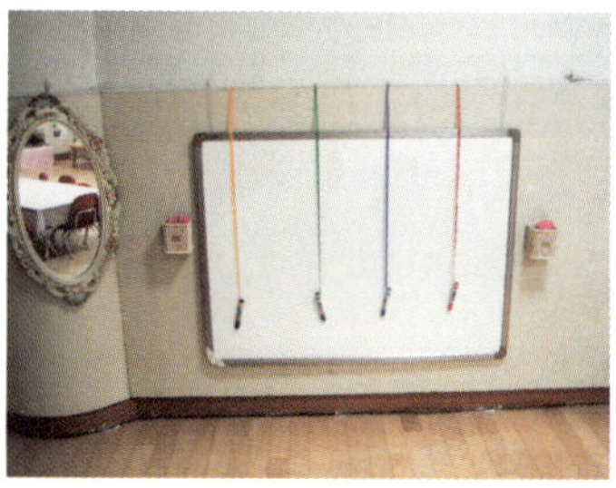

화이트보드

3. 실외 환경

실외 환경은 유아들이 활발한 신체활동뿐만 아니라 실내에서 할 수 없는 여러 가지 활동(예: 자연 환경 관찰, 동 · 식물 기르고 관찰하기 등)을 할 수 있으며, 실내활동을 실외활동으로 지속 · 확장시켜나갈 수 있도록 구성한다. 놀이 기구와 놀잇감은 계절이나 생활주제, 유아들의 발달 정도와 흥미, 요구에 맞추어 단계적으로 제시한다.

실외 환경도 실내 환경과 같이 유아들이 마음껏 자유롭게 뛰어 놀면서 대근육을 발달시킬 수 있는 동적인 활동(예: 그네타기, 미끄럼틀 타기, 자전거 타기, 축구하기 등) 영역과 자연현상을 조용히 관찰하고 탐색할 수 있는 정적인 활동(예: 물 · 모래 놀이하기, 동 · 식물 기르고 관찰하기 등) 영역을 고루 구성한다. 실외 환경을 구성할 때에는 영역 또는 놀이 기구 사이의 통로를 충분히 두어 다른 활동을 방해하거나 방해받지 않고 유아들이 안전하게 활동할 수 있도록 한다.

(1) 자연 생태 관찰 영역

유아들이 일상에서 다양한 동 · 식물 및 자연환경을 탐색하고 관찰할 수 있도록 실외 환경을 구성한다. 유아들이 유치원의 동물을 돌보거나, 식물의 씨앗과 모종을 심고 가꾸면서 생명의 소중함과 신비로움을 느끼도록 마당 곳곳에 다양한 종류의 나무와 풀꽃을 심고, 텃밭에는 채소를 심어 재배한다. 식물을 기르는 데에 필요한 거름이나 퇴비로 이용할 수 있도록 음식 쓰레기, 잡초, 낙엽 등을 넣고 썩혀 두엄을 만드는 두엄자리를 마련한다. 또한 동물장에 있는 토끼, 닭, 오리, 공작비둘기 등의 동물을 기르고 관찰할 수 있도록 한다.

- 각종 일년초, 다년초, 관상수, 유실수: 개나리, 진달래, 목련, 철쭉, 연산홍, 무궁화, 자귀나무, 쥐똥나무, 회향목, 단풍나무, 벚꽃나무, 플라타너스, 사과나무, 배나무, 은행나무, 소나무, 전나무 등
- 재배용 채소: 배추, 무, 고추, 상추, 깻잎, 방울토마토, 딸기, 감자, 고구마, 옥수수, 가지, 호박 등

텃밭

두엄자리

(2) 물 · 모래 놀이 영역

모래 놀이 영역은 유아들의 통행에 불편을 주지 않는 곳에 구성한다. 모래 영역에는 햇볕이 적절히 들도록 하여 밝고 따뜻한 분위기를 조성하고, 그늘이 생기도록 하여 유아들이 쾌적한 분위기에서 놀이할 수 있도록 한다. 유아들이 놀이를 마친 후 이물질이 쌓이지 않도록 모래 위에 덮개를 덮어두고, 정기적으로 모래를 소독하고 보충 · 교체한다.

모래 놀이 시 물을 이용하고 날씨가 따뜻해진 이후 물놀이를 할 수 있도록 물놀이 영역을 마련한다. 모래 놀이 영역 근처에 수도시설을 준비하고, 수도시설의 높이를 유아들의 키에 맞추어 유아들이 물을 이용하는 데에 불편함이 없도록 한다. 본격적인 물놀이가 시작될 때, 물놀이용 수조와 다양한 물놀이 용구를 제공하고, 한여름에는 유아들이 수영복을 입고 놀이할 수 있도록 간이 수영장을 마련한다.

- 모래 놀이 용구: 구멍 크기가 다른 여러 가지 체, 다양한 모양의 그릇(예: 양동이 · 숟가락 · 계량컵 · 국자 · 빈 통 · 냄비 · 접시 · 주전자 등), 여러 크기의 틀이나 관, 모래 놀이 놀잇감, 삽, 갈퀴, 깔때기 등
- 물놀이 용구: 물을 받을 수 있는 통이나 그릇, 구멍이 뚫린 통, 물뿌리개, 호스, 깔대기, 스펀지 등

모래 놀이 영역 전경

수도

(3) 신체활동 영역

유아들의 대근육 발달을 돕기 위해 기어오르기, 매달리기, 그네 타기, 미끄럼 타기 등의 운동 놀이를 할 수 있도록 다양한 시설물을 설치한다. 밧줄 타고 오르기, 몸의 균형 잡고 건너기, 미끄럼 타기 등의 다양한 활동을 할 수 있는 난이도가 다른 시설물을 두 곳에 설치하여 유아의 발달과 수준에 따라 적합한 시설물을 사용할 수 있도록 한다. 자전거는 유아들이 실외 고정 놀이 시설에 익숙해지고, 모든 유아들이 자전거 안전에 관련한 약속을 알고 난 후에 제시한다. 자전거를 탈 수 있는 곳의 바닥에는 차선을 표시하여 자전거끼리 부딪히지 않도록 하고 자전거길 가운데에 횡단보도를 표시하여 보행 공간을 마련한다. 그 밖에 축구골대, 평균대, 네스팅 브릿지 등의 이동식 놀이 기구를 설치하여 유아들이 다양한 실외 놀이를 경험할 수 있도록 한다.

3세용 대근육 놀이 기구

4 · 5세용 대근육 놀이 기구

자전거길

(4) 휴식 영역

유아들이 실외에서 동적인 활동을 하고 난 후 휴식할 수 있도록 마당 곳곳에 앉아서 쉴 수 있는 나무그루터기를 둔다. 나무 그늘 아래에는 의자를 설치하여 유아들이 쾌적한 환경에서 쉴 수 있도록 하고, 햇볕이 많이 드는 날은 간이용 천막을 설치하여 휴식 영역을 확장한다. 유아들은 휴식 영역에서 이야기를 나누며 쉬거나 책 읽기, 그림 그리기 등의 간단한 활동을 할 수 있다. 이때 필요한 준비물은 실외 자유선택활동이 시작되기 전 각 학급에서 준비하고 활동을 마친 후 정리한다.

정자와 나무 그루터기

테이블 벤치와 벤치

3장

활 동

1. 유치원에서의 즐거운 생활
2. 유치원에서의 안전한 생활

★ 주제별 활동 목록

구분		유치원에서의 즐거운 생활	유치원에서의 안전한 생활
자유 선택 활동	쌓기 놀이 영역	블록 높이 쌓기	차도 만들기
	역할 놀이 영역	음식 만들기	사진 찍기
	언어 영역	언어 영역 소개	
	수학 · 조작 영역	여러 가지 도형 찾기 제자리에 물건 정리하기	알맞은 수 맞히기 크기 비교하기
	과학 영역	확대경으로 관찰하기	금붕어 관찰하기
	조형 영역	크레파스로 첫 그림 그리기 밀가루 점토 사탕 모빌 만들기	모루 도장 찍기 점토 자르기 상자로 구성하기
	음률 영역	음률 영역 소개	
	대근육 영역		그네 타기
	실외 영역	동물 먹이 주기	신발 바르게 신기
대소 집단 활동	이야기나누기	개인장 사용 출석 표시판 사용 친구들과 인사 나누기 I 친구들과 인사 나누기 II 간식 귀가방법 소개 주말 지내기 정수기 사용방법 소개 유치원의 여섯 반 알아보기 유치원 돌아보기 I 유치원 돌아보기 II 다른 학급 친구들과 인사 나누기 생일 축하 계획하기 생일 축하	의자를 바르게 들기 의자를 가져와 모여 앉기 의자에 바르게 앉기 마당 놀이에 안전한 복장 마당 놀이 기구 소개 I 마당 놀이 기구 소개 II 자전거 길 따라 걷기 자전거 길의 횡단보도 건너기 자전거 타기 비상벨 듣기 안전한 대피방법 알기
	동화 · 동극 · 동시	친구와 사이좋게 지내기(동화)	안전하게 미끄럼틀 타기(동화)
	노래 · 음악감상 · 악기연주	치우는 시간(노래) 집에 갈 때 노래(노래)	교실에서 들리는 소리 찾기(소리 탐색)
	율동	높이 뛰세요	
	신체	그림 표시 위에 서기(체육) 공 전달하기와 공 굴리기 I (체육)	공 전달하기와 공 굴리기 II(체육) 오뚝이 공 맞추기(게임)
	수학		수 세기
	과학	유치원의 동물들이 먹을 수 있는 음식	
	사회	바르게 인사하기	바르게 손 씻기

※ 본 교재에 수록된 활동은 만 3세 '즐거운 유치원' 생활주제에서 실시하고 있는 교육활동 중 일부만 소개된 것입니다.

1. 유치원에서의 즐거운 생활

개인장 사용 / 출석 표시판 사용 / 친구들과 인사 나누기 I / 친구들과 인사 나누기 II
/ 친구와 사이좋게 지내기 / 간식 / 블록 높이 쌓기 / 음식 만들기
/ 언어 영역 소개 / 여러 가지 도형 찾기 / 제자리에 물건 정리하기
/ 확대경으로 관찰하기 / 크레파스로 첫 그림 그리기 / 밀가루 점토
/ 사탕 모빌 만들기 / 음률 영역 소개 / 치우는 시간
/ 유치원의 동물들이 먹을 수 있는 음식 / 동물 먹이주기 / 집에 갈 때 노래
/ 귀가 방법 소개 / 정수기 사용방법 소개 / 유치원의 여섯 반 알아보기
/ 유치원 돌아보기 I / 유치원 돌아보기 II / 다른 학급 친구들과 인사나누기
/ 생일 축하 계획하기 / 생일 축하 / 그림 표시 위에 서기 / 공 전달하기와 공 굴리기 I
/ 높이 뛰세요 / 바르게 인사하기

활동 1

개인장 사용

집단형태

소집단활동(약 5명)

활동유형

이야기나누기

활동자료

유아 개인장, 표시 그림

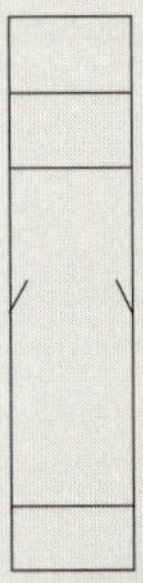

개인장에 붙일 표시 그림

TIP 자기 이름을 변별하지 못하는 유아들을 위해 표시 그림을 골라 붙이도록 한다.

활동목표

- ○○○반 어린이들이 사용하는 장의 위치를 안다.
- 개인장 사용방법을 알고 사용한다.

활동방법

○ 교사는 개학 첫 날 유치원에 오는 유아를 맞이하며 각 유아의 장으로 안내한다.

- ○○○반 어린이들이 사용하는 장이에요. 이 장 안에 △△의 물건을 넣어둘 수 있어요.
- △△의 장은 어디에 있나요? 찾아보세요.
- 겉옷을 벗어서 고리에 걸어보세요.
  모자나 목도리도 여기에 걸 수 있어요.
- 실내화 두는 곳은 옷 거는 쪽 바로 아래에요. 여기에 실내화를 놓아두었다가 신는 거예요.
- 신발은 가장 아래 칸에 두는 거예요.

○ 교실에 들어오면 개인장에 붙일 표시 그림을 고르고, 개인장 서랍 이름표 옆에 붙인다.

- 장에 붙일 그림을 골라서 이름 옆에 붙일 거예요. TIP
- 선생님과 함께 그림을 골라보아요. 어떤 그림을 골랐나요?
- 선생님과 함께 고른 그림을 이름이 붙어 있는 장 서랍 옆에 붙여요.
- 이 장 서랍은 유치원에서 그리거나 만든 작품을 넣는 곳이에요.

개인장 표시 그림 고르기

개인장에 표시 그림 붙이기

활동 2 출석 표시판 사용

활동목표

- 나는 ○○○반 어린이임을 안다.
- 출석 표시판에 이름표를 붙이면서 소속감을 갖는다.
- 학급의 선생님과 친구들에게 관심을 갖는다.

활동방법

○ 교사는 개학 첫날 유치원에 오는 유아를 맞이하며 유아에게 출석 표시판 사용법을 알려준다.

- 매일 아침 유치원에 오면 가장 먼저 해야 할 일이 있어요.
- (출석 표시판을 가리키며) 유치원에 내가 온 것을 표시하는 거예요.
- 유치원에 왔을 때는 이름표판에 이름표를 붙이고, 집에 갈 때는 이름표를 떼어 아래 칸에 정리하세요.
- 이름표판을 보면 우리 반에 누가 왔는지, 누가 아직 오지 않았는지 알 수 있어요.

○ 유아가 자신의 이름표를 찾아 붙인다.

- △△의 이름표를 찾아보세요.

○ 출석 표시판을 살펴본다.

- 이제 △△가 ○○○반에 왔다는 것이 표시되었어요.
- 또 누가 ○○○반에 왔나 살펴 볼까요?
  - ◎◎◎ 선생님이 오셨다.
  - ☆☆☆가 왔다.
- △△△, ○○○가 왔네요. 함께 놀이합시다.

집단형태

소집단활동(약 5명)

활동유형

이야기나누기

활동자료

출석 표시판, 이름표 TIP 1

출석 표시판

TIP 이름표에 유아의 이름과 사진을 붙여 놓는다.

활 동
3 친구들과 인사 나누기 I

집단형태
중집단활동(약 10명)

활동유형
이야기나누기

활동자료
유아명단, 학급 표시 그림

TIP 이 활동은 유치원 개학하는 첫날 이루어지는 활동이다. 만 3세 학급에서는 유아들이 기관생활에 적응할 수 있도록 4일에 걸쳐 분반 수업 및 단축 수업을 실시한다(개학일 기점으로 1, 2일: 1시간 30분 분반 단축수업 → 3, 4일: 2시간 합반 단축수업 → 5일: 3시간 정상수업). 개학 첫날은 1시간 30분 분반 단축수업을 운영하는데 학급 전체 원아를 두 집단으로 나누어 한 집단은 9:00~10:30까지 일과를 보내고, 다른 한 집단은 11:00~12:30까지 일과를 보낸다.

활동목표

- 유치원은 여러 사람들이 함께 모여 생활하는 곳임을 안다.
- 나는 ○○○반 어린이임을 안다.
- 학급 구성원으로서 학급에 대한 소속감을 갖는다.
- 같은 반 선생님과 친구들에게 관심을 갖는다.

활동방법

○ 자유선택활동 후 유아들과 모여 앉아 이화유치원 ○○○반 어린이가 되었음을 소개한다. TIP
- 오늘 우리가 어디에 와서 재미있게 놀았나요?
- (학급 표시 그림을 보여 주며) 우리는 이화유치원 어느 반 어린이들인가요?
  - ○○○반 어린이들이다.
- 오늘 ○○○반에서 누구와 함께 재미있게 놀았나요?

○ 교사가 유아의 이름을 부르며 친구들을 소개한다.
- 어떤 친구들과 함께 지냈는지 선생님이 이름을 불러볼게요.
- 선생님이 자기 이름을 부르면 손을 들고 '네' 하고 대답하세요.

○ 친구들과 인사를 나눈다.
- 옆에 있는 친구들과 어떻게 인사를 하면 좋을까요?
- 옆에 있는 친구들과 '안녕', '반가워' 하고 인사를 나누세요.

○ 담임 선생님을 소개한다.
- ○○○반에는 친구들 외에 누가 계시나요?
  - 선생님이 계신다.
- 선생님은 ○○○선생님이에요. 만나서 반가워요.
- 이렇게 선생님, 친구들을 만났을 때 부르는 노래가 있어요. 선생님이 ○○○반 어린이들에게 불러줄게요.

■ 선생님께는 어떻게 인사를 하면 좋을까요?

• 안녕하세요.

■ 다 같이 선생님께 인사를 해보세요.

• 선생님은 ○○○반 어린이들을 도와주는 분이에요.

■ 화장실을 가고 싶을 때나 다쳤을 때 선생님을 부르면 선생님이 가서 도와줄게요.

■ 다 같이 "선생님" 하고 불러보아요.

인사 나누기

유의점

■ 개학 첫날 부모(혹은 보호자)와 떨어지는 것을 힘들어 하는 유아들은 부모(혹은 보호자)와 함께 유치원 일과에 참여하도록 하여 안정감을 가질 수 있도록 배려한다.

관련활동

■ 이야기나누기 '친구들과 인사 나누기 II' (30쪽 참고)

악 보

반갑다

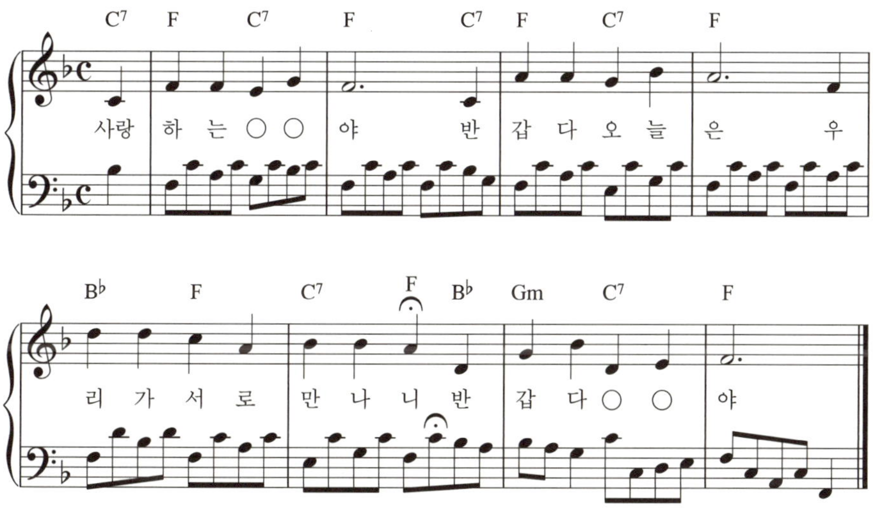

활 동 4

친구들과 인사 나누기 Ⅱ

집단형태

대집단활동

활동유형

이야기나누기

활동자료

유아명단

활동자료

두 집단으로 나누어 마주보고 앉기

TIP 1 이 활동은 첫 합반 수업일에 이루어지는 활동으로 그동안 분반 수업으로 인해 만나지 못했던 유아들이 처음 만나 인사를 나누는 시간이다. 유아들을 두 집단으로 나눌 때 개학일에 분반하였던 유아들로 집단을 구성한다.

TIP 2 활동 이후 놀이를 하면서 유아들이 친구의 이름을 불러 볼 수 있도록 한다.

활동목표

- 유치원은 여러 사람들이 함께 모여 생활하는 곳임을 안다.
- 나는 OOO반 어린이임을 안다.
- 학급 구성원으로서 학급에 대한 소속감을 갖는다.
- 같은 반 선생님과 친구들에게 관심을 갖는다.

활동방법

○ 유아들을 두 집단으로 나누어 서로 마주보며 앉는다. **TIP 1**

○ 학급의 달라진 점에 대해 이야기를 나눈다.
- OOO반에 오니 어제와 다른 점이 있나요? 어떤 점이 다른가요?
  - 친구들이 많아졌다.
  - 오늘 처음 만나는 친구도 있다.

○ 처음 만난 친구들과 인사를 나눈다.
- 우리는 모두 무슨 반 어린이들인가요?
- 오늘부터 OOO반 어린이들이 모두 함께 모여 지낼 거예요.
- 친구를 처음 만났을 때 어떻게 인사하면 좋을까요?
- 앞에 있는 친구와 '안녕' 또는 '반가워' 하고 인사를 나누세요.

○ OOO반 유아들을 소개한다.
- OOO반에 어떤 어린이들이 있는지 알 수 있도록 선생님이 이름을 부를게요.
- 선생님이 자기 이름을 부르면 일어서서 "네." 하고 대답해 주세요.

○ 교사는 친구들과 함께 방안놀이를 시작할 것임을 알리고 흥미 영역별로 그룹핑을 한다. **TIP 2**
- 이제 친구들과 놀이를 할 거예요.
- OOO반에서는 친구들과 무슨 놀이를 할 수 있을까요?
  - 쌓기 놀이, 역할 놀이 등
- 친구들과 쌓기 놀이(역할 놀이, 책 보기 등)를 하고 싶은 어린이는 누구인가요?
- 놀이를 하러 가세요.

관련활동

- 이야기나누기 '친구들과 인사 나누기 Ⅰ' (28쪽 참고)

활동 5 친구와 사이좋게 지내기

활동목표

- 친구들과 사이좋게 지내는 방법을 익힌다.
- 다름 사람의 생각과 기분은 나와 다를 수 있음을 안다.

활동방법

○ 동화를 들려준다. TIP 1

○ 동화 속 이야기와 유사한 자신의 경험에 대해서 생각해 본다.

- 친구가 놀고 있는 장난감을 나도 가지고 놀고 싶을 때는 어떻게 해야 할까요?
  - 장난감을 같이 사용하며 놀자고 물어본다.
  - 장난감을 줄 수 있는지 물어본다.
  - 언제까지 놀이할 것인지 물어본다.
  - 놀이가 끝나면 달라고 부탁한다.

○ 다 함께 '꼭꼭 약속해' 노래를 부른다.

- ○○○반 어린이들도 친구들과 사이좋게 지내기로 함께 약속해요.
- 새끼손가락을 들고 선생님과 함께 노래를 부르며 약속해요.

동 화

사이좋게 지내요

여기는 숲 속 유치원이에요. 아침이 되자 숲 속에 살고 있는 동물 친구들은 유치원에 모이기 시작했어요.

돼 지 꿀꿀, 야옹아 안녕!
야옹이 야옹 야옹, 만나서 반가워. (돼지, 야옹이가 퇴장한다)

친구들은 웃으면서 반갑게 인사를 하지요. 유치원에서는 무엇을 하고 놀까요? 역할 놀이 영역에서 암탉은 무엇을 할까요? (유아들의 이야기 듣기)

암 탉 꼬끼오, 꼬꼬. 바구니에 달걀을 담아 소풍가야지, 꼬꼬꼬.

조형 영역에서 염소는 무엇을 할까요? (유아들의 이야기 듣기)

집단형태
대집단활동

활동유형
동화

활동자료
테이블 동화 자료(예: 토끼, 고양이, 돼지, 닭, 장난감 모형그림 등), 낮은 책상

'친구와 사이좋게 지내기'
테이블 동화 자료

TIP 1 유아들이 친구들과 사이좋게 지내는 방법에 대하여 스스로 생각할 수 있도록 교사가 일방적으로 동화를 들려주기보다 유아들의 다양한 생각을 물은 뒤 이를 동화의 내용에 반영한다.

염 소　음매, 음매. 난 커다란 집을 그릴거야. 크레파스로 멋진 그림을 그려야지.

어, 저기 좀 보세요. 돼지와 야옹이가 싸우고 있어요.

돼 지　(야옹이에게 장난감을 뺏으며) 꿀꿀, 이거 내가 가지고 놀 거야.
야옹이　(장난감을 가지고) 아니야, 내꺼야.
돼 지　싫어 싫어, 내가 가지고 놀 거야.
야옹이　엉엉~ (울음을 터뜨린다)

(토끼가 등장한다)

토 끼　야옹아, 왜 울고 있니?
야옹이　꿀꿀이가 내 장난감을 빼앗아 갔어.

꿀꿀이처럼 친구가 놀고 있는 장난감을 나도 가지고 싶을 때는 어떻게 해야 할까요? (유아들의 이야기 듣기)
그럼 동물 친구들은 어떻게 하는지 들어볼까요?

돼 지　무슨 말을 하기로 했더라?
토 끼　아이 참! '친구야, 그 장난감 내가 가지고 놀아도 되니?' 하고 물어 보기로 했잖아.
돼 지　미안해, 내가 잊어버렸어. 야옹아, 그 장난감 내가 가지고 놀아도 될까?
야옹이　응, 여기 있어.
돼 지　이제 우리 사이좋게 지내자.
야옹이　그래, 우리 사이좋게 지내기로 약속해. 우리가 노래를 부르면 ○○○반 어린이들도 새끼손가락을 들고 함께 약속해줘.

(교사가 야옹이와 돼지 테이블 동극 자료를 움직이며 '꼭꼭 약속해' 노래를 부른다)
그때였어요. "숲 속 유치원 어린이들, 놀이하던 것을 정리하세요." 하시는 선생님의 목소리가 들렸어요. 정리하는 시간에는 어떻게 해야 할까요? (유아들의 이야기 듣기)
어린이들의 이야기처럼 친구들은 가지고 놀던 장난감을 치우기 시작했어요.

염 소　음매, 난 크레파스를 제자리에 정리해야지.
토 끼　난 블록을 차곡차곡 정리할거야.
암 탉　꼬꼬댁, 난 달걀을 냉장고에 넣어야지.

모두들 열심히 치우고 났더니 방 안이 깨끗해졌어요. 재미있게 놀고 치우고 난 뒤 간식까지 먹었더니 벌써 집에 갈 시간이 다 되었네요.

토 끼　염소야, 잘 가!
염 소　음매, 안녕. 내일 또 만나자.
암 탉　안녕, 꼬꼬.

돼 지 야옹아, 아까는 정말 미안했어.
야옹이 괜찮아. 꿀꿀아, 우리 이제 사이좋게 지내자.
돼 지 그래, 잘 가~

동물 친구들은 웃으면서 집으로 갔어요.

악 보

꼭꼭 약속해

활동 6

간식

집단형태

중집단활동(약 10명)

활동유형

이야기나누기

활동자료

낮은 책상, 손인형 2개, 간식차, 간식접시, 컵, 포크, 간식통, 물통, 쟁반, 간식 TIP 1

TIP 1 간식 시간에 실제 사용하는 도구를 사용한다.

활동목표

- 간식의 의미를 안다.
- 유치원에서 간식을 먹는 순서를 익힌다.

활동방법

○ 간식 시간 바로 전에 모여 앉는다.

○ 손인형을 사용하여 간식을 먹는 방법에 대한 이야기를 들려준다.

- 이화유치원 ○○○반에 처음 온 영이와 철이가 간식을 먹기 위해 준비를 하고 있어요.
- 간식이란 무엇일까요?
  - 아침과 점심, 점심과 저녁 사이에 간단하게 먹는 음식이다.
- 영이와 철이도 ○○○반 어린이들처럼 놀이를 끝내고 간식을 먹으려고 합니다.

① 손씻기

철 이	아! 맛있는 간식. 빨리 먹어야지!
영 이	어~ 철이 손 좀 봐. 아이 더러워~
교 사	간식을 먹기 전에 제일 먼저 무엇을 해야 할까요?
유아들	손을 씻어야 해요.
영 이	맞아. 철이야. 나랑 같이 가서 손 씻고 오자.

- 우리도 영이, 철이와 함께 손을 씻어 볼까요? (유아들과 함께 '손을 씻어요' 노래를 부르며 손을 씻는 흉내를 낸다)

② 책상에 있는 큰 쟁반에서 자기의 간식 접시, 컵, 포크 가져가기

철 이	이제 간식 먹어야지! (손에 간식을 들고 먹거나 바닥에 음식을 내려 놓고 먹는다)
영 이	철이야! 간식을 그냥 집어먹으면 안 돼.
철 이	그럼 어떻게 해야 하는 거야?
영 이	내가 하는 것을 잘 봐. 얘들아~. 여기 무엇이 있지?
유아들	접시, 컵, 포크(교사가 하나씩 들어서 보여 준다.)
영 이	(접시, 컵, 포크를 가져와서 준비한다) 간식차에 가서 접시와 컵, 포

크를 가져 오는거야. 접시에 컵과 포크를 놓고 두 손으로 잘 들고 책상에 가져다 두면 돼.

③ 간식 가져가기 및 손들기

철 이 (영이를 따라서 큰 쟁반에서 접시, 컵, 포크를 가져와 준비한다. 떡을 가져오며 혼잣말로) 이제 맛있는 떡(그날의 간식)을 먹어도 되겠지?

영 이 아직은 아니야. 철이야. 우리가 손을 들면 선생님이 우유(또는 차)를 따라 주실 거야. 우리 같이 손들자.

교 사 (영이와 철이가 손을 든 것을 보고) 영이와 철이는 벌써 간식 먹을 준비가 다 되었구나. 선생님이 컵에 우유를 따라줄게.

④ 기도하기 **TIP 2**

영 이 철이야 이제 기도하자.

철 이 기도? 나 기도해 본 적 없는데…….

영 이 걱정하지 마, 철이야. 내가 기도 노래 불러줄게.

(유아들도 같이 손을 모으고 기도를 한다)

TIP 2 '간식 기도' 노래를 부르는 것 외에도 마음속으로 기도하기, 소리내어 기도하기, 감사인사하기 등의 방법으로 감사한 마음을 표현할 수 있음을 안내한다.

○ 간식 먹는 태도에 대해 이야기한다.

■ 간식을 먹을 때에는 어떤 약속을 지켜야 할까요?

- 의자에 바르게 앉아서 먹는다.
- 입 안에 음식이 있을 때는 음식을 다 삼킨 후에 말한다.
- 간식을 다 먹은 후에 자리에서 일어난다.

○ 간식을 다 먹은 후 정리하는 방법에 대해 이야기한다.

■ 간식을 다 먹은 후에는 어떻게 해야 할까요?

- 간식 접시, 컵, 포크끼리 모아서 쟁반 위에 정리한다. **TIP 3**

○ 유아들도 영이와 철이가 알려준 것처럼 간식을 먹을 것임을 이야기한다.

○ 화장실에 가서 손을 씻고 오도록 한다. **TIP 4**

TIP 3 교사가 간식차에 정리하는 모습을 보여준다.

TIP 4 화장실의 혼잡을 피할 수 있도록 한번에 2~3명씩 그룹핑하여 화장실로 보낸다.

악 보

간식 기도

활동 7

블록 높이 쌓기

집단형태

자유선택활동

활동유형

쌓기 놀이 영역

활동자료

종이벽돌블록

TIP 높이 쌓기를 어려워하는 경우 교사와 유아가 번갈아가며 종이벽돌블록을 쌓는다.

신체를 이용해 블록의 높이 비교하기

활동목표

- 쌓기 놀이 영역에서 할 수 있는 놀이를 안다.
- 균형을 잡아 블록으로 구성하는 방법을 안다.
- 신체 단위를 이용해 높이를 비교한다.

활동방법

○ 쌓기 놀이 영역을 소개한다.
- 어떤 장난감이 있나요?
  - 종이벽돌블록, 스펀지블록 등이 있다.
- 이런 장난감으로 어떤 놀이를 할 수 있을까요?
  - 집 만들기, 자동차 만들기 등을 할 수 있다.
- 이곳은 쌓기 놀이 영역이에요. 여러 가지 블록을 쌓거나 끼워 만들기를 하는 곳이에요.

○ 종이벽돌블록을 쌓는 방법에 대해 이야기한다. TIP
- 종이벽돌블록을 쌓아보세요.
- 어떻게 쌓아야 종이벽돌블록이 쓰러지지 않을까요?
  - 가지런히 쌓는다.
  - 똑바로 쌓는다.
  - 아래쪽을 넓게 쌓는다.
- 종이벽돌블록을 가로로 세워 쌓은 것과 세로로 세워 쌓은 것을 비교해 봅시다.
  - 블록을 세로로 세워 쌓으면 높게 쌓을 수 있지만 쉽게 쓰러진다.
  - 블록을 가로로 쌓으면 낮지만 쉽게 쓰러지지 않는다.

○ 블록의 높이를 측정 · 비교한다.
- ○○의 가슴까지 높이 쌓았구나.
- ○○의 어깨까지 높이 쌓았구나.
- 누가 쌓은 블록이 더 높은가요?

○ 놀이가 끝난 후, 종이벽돌블록을 정리한다.
- 종이벽돌블록을 제자리에 정리합시다.

유의점

- 블록을 너무 높게 쌓으면 무너지면서 주위에 앉아 있는 유아들이 블록에 맞아 다칠 수 있으므로 자신의 키보다 높게 쌓지 않도록 한다.

활동 8 음식 만들기

활동목표

- 역할 놀이 영역의 다양한 놀잇감의 종류를 안다.
- 역할 놀이 영역의 놀잇감을 이용하는 방법을 안다.

활동방법

○ 방안놀이시간 전 역할 놀이 영역에 모여 앉아 역할 놀이 영역에 대해 소개한다.

- 어떤 장난감이 있나요?
  - 식탁, 옷, 여러 가지 음식 등이 있다.
- 이곳에서 무슨 놀이를 할 수 있을까요?
  - 음식 만드는 놀이, 손님 초대하는 놀이 등을 할 수 있다.
- 이곳은 역할 놀이 영역이라고 해요. 엄마, 아빠, 언니, 오빠, 동생이 되어서 가족 놀이를 하거나 음식을 만드는 놀이를 할 수 있어요.

○ 역할 놀이 영역에 있는 가구(예: 개수대, 조리대, 그릇장, 냉장고 등)를 살펴보며 어떤 놀잇감이 있는지 알아본다.

- 냉장고를 열어보세요. 무엇이 있나요?
  - 빵, 떡, 사과, 아이스크림 등 여러 가지 음식이 있다.
- (그릇장의 문을 열며) 무엇이 있나요?
  - 큰 그릇, 작은 그릇, 네모 모양 그릇, 동그란 모양 그릇 등 여러 모양의 그릇이 있다.
- (조리대를 가리키며) 여기는 음식을 요리할 수 있는 곳이에요. 냄비나 프라이팬에 재료를 넣고 요리를 하는 거예요.
- (개수대를 가리키며) 이곳은 음식을 만들기 전 재료를 깨끗하게 씻는 곳이에요.

○ 방안놀이시간 원하는 유아들이 음식 만들기 놀이를 한다.

- 냉장고 안에 있는 여러 가지 재료로 요리를 할 수 있어요. 어떤 음식을 만들어보고 싶나요?
- 함께 음식을 만들어 봅시다.
- 요리가 완성되었어요. 어떻게 할까요?
  - 그릇에 담아 먹는다.
  - 친구들을 불러서 같이 먹자고 한다.

집단형태

자유선택활동 · 대집단활동

활동유형

역할 놀이 영역

활동자료

- 주방가구: 개수대, 조리대, 그릇장, 냉장고
- 주방용품: 놀이용 칼, 뒤집개, 숟가락, 젓가락, 포크, 전자레인지, 여러 종류의 컵과 그릇, 수세미, 모형 세제 등
- 음식 소품

음식 만들기에 필요한 주방용품 소개하기

음식 만드는 놀이하기

TIP 1 학기 초 만 3세 유아들의 경우 또래와 함께 놀이에 참여하기보다는 놀잇감을 탐색하거나 혼자 놀이를 하는 유아들이 많다. 교사는 적극적으로 유아의 놀이에 참여하여 놀이를 발전시키고, 유아 상호간의 놀이를 서로 연결시켜 주는 역할을 한다.

TIP 2 유아들이 놀잇감을 스스로 정리할 수 있도록 교구장에 사진이나 그림으로 놀잇감 위치를 표시한다.

- 손님이 오면 대접한다.

■ 그릇장에서 원하는 모양의 그릇을 꺼내어 요리한 음식을 담아주세요.

■ 음식을 먹으려면 무엇이 필요할까요?

- 숟가락, 포크

○ 교사는 각 유아의 놀이 상황(예: 놀잇감 탐색, 혼자 놀이, 또래와의 놀이 등)에 맞추어 상호작용을 한다. TIP 1

■ ○○가 음식을 만들고 있구나.

■ 냉장고 안에 무엇이 있나요?

■ 누구를 주려고 음식을 만들고 있나요?

■ 어떤 요리를 만들 것인가요?

○ 놀이가 끝난 후 놀잇감을 정리하는 방법에 대해 이야기를 한다.

■ 놀이가 끝난 다음에는 어떻게 해야 할까요?

- 교구장에 붙어 있는 사진을 보고 제자리에 정리한다. TIP 2

○ 방안놀이시간 후 놀이를 평가한다.

■ 어떤 놀이를 했나요?

■ 놀이에서 어떤 역할을 맡았나요?

■ 놀이하면서 무엇이 재미있었나요?

활동 9 언어 영역 소개

활동목표

- 언어 영역의 읽기 영역에는 책이 있음을 안다.
- 그림책을 보는 바른 자세를 알고 실천한다.
- 그림책을 소중히 다루는 방법을 알고 실천한다.

활동방법

○ 방안놀이시간 중 언어 영역에 개별 혹은 소집단으로 모여 앉는다.

○ 언어 영역 중 읽기 영역을 소개한다.

- 이곳은 방안놀이시간에 책을 읽고 싶은 어린이가 책을 읽을 수 있는 곳이에요.

○ 책꽂이에 제공된 다양한 종류의 그림책을 살펴본다.

- 책꽂이에 어떤 책들이 있는지 살펴봅시다.
  - 글과 그림이 함께 있는 책이 있다.
  - 누르면 소리가 나는 책이 있다.
  - 부드럽고 푹신푹신한 천으로 만든 책이 있다.

○ 교사가 책을 읽을 때 올바른 자세와 책을 소중히 다루는 방법에 대해 시범을 보이며 이야기한다.

- 책꽂이에서 보고 싶은 책 한 권을 골라 꺼내요.
- 밝은 곳에 가서 바르게 앉아 책을 읽어야 해요. 바닥에 엎드려서 책을 읽거나 책을 눈 가까이서 보면 눈이 나빠질 수 있어요.
- 혼자서 책을 읽기 힘들 때에는 선생님께 도와달라고 말씀드려요.
- 책이 찢어지지 않도록 책장을 한 장씩 조심히 넘겨야 해요.
- 책에 낙서를 하거나 책으로 장난치면 안돼요.
- 내가 보고 싶은 책을 이미 친구가 보고 있을 때에는 친구에게 함께 보자고 물어봐요. 친구가 책을 다 볼 때까지 다른 놀이를 하거나 다른 책을 보면서 기다려요.

○ 책을 다 읽은 후 정리하는 방법에 대해 이야기한다.

- 다 읽은 책을 정리할 때에는 책 겉장의 글씨와 그림이 바르게 보이도록 꽂으세요.
- 만약 바닥에 책이 있다면 어떻게 해야 할까요?
  - 책을 책꽂이에 바르게 정리한다. • 책을 밟지 않는다.

○ (소집단활동을 마친 후) 각자 보고 싶은 책을 골라 바르게 앉아 책을 읽는다.

○ 책을 보고 난 후 책꽂이에 책을 바르게 정리한다.

집단형태

자유선택활동 · 소집단활동(약 5명)

활동유형

언어 영역 · 이야기나누기

활동자료

언어 영역에 제공된 다양한 종류의 그림책 TIP

TIP 유아의 발달 수준에 적합한 다양한 종류와 형태의 그림책을 제공한다. 방안놀이 시간에 유아들을 관찰한 후 유아들이 선호하는 그림책을 비치해 놓는다.

그림책 보는 방법 소개하기

그림책 보기

활동 10

여러 가지 도형 찾기

집단형태

자유선택활동

활동유형

수학 · 조작 영역

활동자료

배경판, 도형 그림자료(예: 동그라미, 세모, 네모 등)

여러 가지 도형 찾기 활동자료

활동목표

- 여러 가지 도형의 형태와 이름에 관심을 갖는다.
- 그림 조각을 알맞은 곳에 붙이며 소근육을 조절한다.

활동방법

○ 배경판을 살펴본다.

- 돼지가 무엇을 하고 있나요?
    - 악어의 옷을 꾸며 주고 있다.
    - 가위로 여러 가지 모양을 만들고 있다.
- 돼지가 어떤 모양을 만들고 있나요?
    - 동그라미, 세모, 네모 등

○ 도형을 알맞은 자리에 붙인다.

- 돼지가 만든 모양을 악어의 옷에 붙여주세요.
- 동그라미는 어디에 붙일까요?
- (세모를 가리키며) 여기는 어떤 모양을 붙여야 할까요?

○ 놀이를 마치고 나서 교구를 분류 · 정리한 뒤 교구장에 가져다 놓는다.

- 다른 친구들이 할 수 있도록 그림 조각을 떼서 원래 자리에 정리해 주세요.

활동 11 제자리에 물건 정리하기

활동목표

- 물건을 제자리에 정리정돈하는 방법을 안다.
- 그림 조각을 알맞은 곳에 붙이며 소근육을 조절한다.

활동방법

○ 그림 조각과 배경판을 살펴본다.

- 여기 있는 물건들이 정리가 되지 않았어요. ○○가 물건들을 제자리에 정리해 주세요.
- 우산은 어디에 정리할까요?
- 책은 어디에 정리할까요?
- (신발장의 빈 곳을 가리키며) 무엇이 있던 자리일까요?
- (책상 아래의 빈 곳을 가리키며) 무엇이 있던 자리일까요?

○ 정리할 물건 그림 조각을 알맞은 자리에 붙인다.

○ 놀이를 마치고 나서 교구를 분류 · 정리한 뒤 교구장에 가져다 놓는다.

- 다른 친구들이 할 수 있도록 그림 조각을 떼서 원래 자리에 정리해 주세요.

관련활동

- 노래 '치우는 시간' (47쪽 참고)

집단형태

자유선택활동

활동유형

수학 · 조작 영역

활동자료

배경판, 정리할 물건(예: 의자, 책, 신발, 우산 등), 그림 조각

제자리에 물건 정리하기

활동 12

확대경으로 관찰하기

집단형태

자유선택활동

활동유형

과학 영역

활동자료

확대경, 여러 가지 작은 물건 들(예: 단추, 클립, 작은 모형 인형, 작은 크기의 그림 등)

확대경으로 물건 관찰하기

확대경으로 손바닥 관찰하기

활동목표

- 확대경의 기능과 사용방법을 안다.
- 주변 사물에 호기심을 갖고 탐구하는 태도를 기른다.

활동방법

○ 방안놀이시간에 소집단으로 모여 앉아 과학 영역에 있는 확대경을 소개한다.

- (확대경을 보여 주며) 이것을 본 적이 있나요? 어디에서 보았나요?
- 이것으로 물건을 보면 어떻게 보일까요?
- 이것으로 단추를 보세요. 어떻게 보이나요?
  - 크게 보여요.
- 이것의 이름을 알고 있나요?
  - 물건을 크게 보이게 해준다고 해서 '확대경' 또는 '돋보기'라고 부른다.

○ 확대경으로 주변의 여러 가지 사물 및 신체를 관찰하며 이야기를 나눈다.

- 확대경으로 작은 물건들을 살펴봅시다.
- 단추의 구멍이 어떻게 보이나요?
- 인형의 얼굴을 보세요.
- 인형의 옷에는 어떤 그림이 그려져 있나요?
- 확대경으로 손바닥을 살펴봅시다. 손바닥에 있는 손금이 보이나요?
- 교실 안의 물건 중에서 확대경으로 관찰해 보고 싶은 것을 찾아봅시다.

○ 확대경을 정리한다.

- 다음에 사용할 수 있도록 확대경을 제자리에 정리하세요.

활동 13 크레파스로 첫 그림 그리기

유치원에서의 즐거운 생활

유치원에서의 안전한 생활

활동목표

- 자신의 생각을 그림으로 자유롭게 표현한다.
- 손의 힘을 기른다.

활동방법 TIP 1

○ 도화지를 가지고 책상에 앉는다.
- 도화지를 골라보세요. 어떤 색의 도화지에 그림을 그리고 싶나요?

○ 어떤 색깔의 크레파스가 있는지 살펴본다.
- 크레파스가 담긴 통이 있어요.
- 어떤 색이 있나요?
- 그림을 그리고 싶은 색을 고르세요.

○ 크레파스로 자신이 생각하는 바를 자유롭게 그린다.
- 종이에 그림을 그려보세요.
- 무엇을 그리고 싶나요?

○ 교사는 유아가 그림을 그리고 난 뒤 그림에 대한 유아의 이야기를 받아 적는다. TIP 2
- 그림에 담긴 이야기를 해주세요. 선생님이 이야기를 써 줄게요.

○ 유아가 완성한 그림에 날짜를 적고 교사가 유아의 이름을 써주거나 이름 스티커를 붙인다. TIP 3

크레파스 그림 그리기

'크레파스로 첫 그림 그리기' 완성 작품

집단형태
자유선택활동

활동유형
조형 영역

활동자료
8절 도화지, 크레파스, 이름 스티커

TIP 1 학기 초 본 활동을 실시함으로써 교사는 유아들의 소근육 발달상태, 유아들의 그림 그리기 발달단계 등을 파악한다.

TIP 2 자신이 그린 그림에 대해 소개하거나 이야기를 만들기 어려워하는 유아에게는 이야기하도록 강요하지 않는다.

TIP 3 만 3세의 유아는 아직 자신의 이름 글자를 인식하지 못하는 경우가 많으므로 교사가 라벨지에 유아들의 이름을 출력해 두었다가 유아의 그림에 붙여준다. 학기 중·후반이 되면 유아들이 자신의 이름 스티커를 직접 찾아 붙일 수 있도록 한다.

활동 14

밀가루 점토

집단형태

자유선택활동

활동유형

조형 영역

활동자료

밀가루 점토, 점토판, 점토 놀이 도구(예: 밀대, 플라스틱 점토 칼, 찍기 틀 등) TIP 1

밀가루 점토 준비물

TIP 1 유아들이 점토의 느낌과 특성을 충분히 탐색하고 느낄 수 있도록 학기 초에는 점토 놀이 도구(예: 밀대, 플라스틱 점토 칼, 찍기 틀 등) 없이 점토만 제시한다. 점토를 충분히 탐색한 뒤 점차적으로 점토 놀이 도구를 제시한다.

TIP 2 밀가루 점토를 상온에 두면 쉽게 마를 수 있으므로 사용하지 않을 때에는 비닐봉지에 싸서 밀폐용기에 담아 냉장고에 보관한다. 냉장고에 보관했던 밀가루 점토를 다시 제공할 때는 교사가 미리 손으로 주물러 부드럽게 해 둔다.

활동목표

- 밀가루 점토의 성질을 안다.
- 밀가루 점토를 탐색하며 정서적 긴장감을 해소한다.
- 밀가루 점토를 주무르며 손의 힘을 조절한다.

활동방법

○ 점토판 위에 밀가루 점토를 올려놓고 탐색한다.
- 밀가루 점토를 손으로 주물러 보세요. 어떤 느낌이 드나요?
- 밀가루 점토를 양손으로 잡고 늘려 보세요.
- 큰 덩이를 손으로 뜯어 작은 덩어리로 만들어 보세요.
- 밀대로 밀어 보세요.
- 플라스틱 점토 칼로 밀가루 점토를 잘라 보세요.

○ 밀가루 점토를 손으로 주물러 여러 가지 모양의 구성물을 만든다.
- 점토로 무엇을 만들 수 있을까요?
- 공모양을 만들어 볼까요? 손바닥 위에 놓고 굴려 보세요.
- 꽃을 만들어 볼까요?
- 친구 것과 연결해서 긴 줄을 만들어 보세요.

○ 활동이 끝난 뒤에는 점토와 가지고 놀았던 도구를 정리한다. TIP 2
- 밀가루 점토가 말라서 굳지 않도록 통에 담아 주세요.

밀가루 점토를 밀대로 밀기

밀가루 점토의 점성 탐색하기

관련활동

- 조형 영역 '점토 자르기' (114쪽 참고)

활동 15 사탕 모빌 만들기

활동목표

- 여러 가지 종이의 질감과 성질을 탐색한다.
- 손의 힘을 기른다.

활동방법

○ 다양한 너비의 두겹비닐 중 하나를 선택한다.

○ 유아가 원하는 종이를 선택하여 자유롭게 찢거나 구겨 두 겹 비닐 안에 넣는다.

TIP 2

- 종이를 길게 찢어서 비닐 안에 넣어 보세요.
- 종이를 구겨서 비닐 안에 넣어 보세요.
- 종이를 동그랗게 만들어 볼까요? 두 손바닥 사이에 놓고 굴려보세요.

○ 유아가 원하는 색의 모루를 고르면 교사가 묶어 준다.

- 비닐 안에 넣은 종이가 나오지 못하게 모루로 묶어 줄게요.

○ 완성된 사탕 모빌에 이름 스티커를 붙인다.

'사탕 모빌 만들기' 완성 작품

'사탕 모빌 만들기' 완성 작품 전시

집단형태

자유선택활동

활동유형

조형 영역

활동자료

여러 종류의 종이(예: 16~32절 크기로 자른 신문지, 다양한 색의 습자지, 포장지, 한지, 창호지 등), 다양한 색의 모루, 한쪽을 색 모루로 묶은 두 겹 비닐 TIP 1, 구기거나 찢은 종이를 담을 수 있는 접시, 이름 스티커

TIP 1 다양한 너비의 두 겹 비닐을 준비하여 한쪽은 색모루로 묶어두고, 한쪽 입구는 벌려두어 유아들이 비닐 안에 종이를 넣기 쉽도록 한다.

TIP 2 유아가 여러 가지 방법으로 활동할 수 있도록 교사가 직접 시범을 보이거나 언어로 상호작용을 한다.

활동 16 음률 영역 소개

집단형태

자유선택활동 · 소집단활동(약 5명)

활동유형

음률 영역 · 이야기나누기

활동자료

음률 영역에 있는 리듬 악기들(예: 마라카, 실로폰, 캐스터네츠, 유아용 심벌즈, 작은 북, 탬버린, 방울악기 등) TIP

TIP 유아들이 손쉽게 연주할 수 있는 타악기를 준비한다. 여러 명의 유아들이 한 가지 악기를 연주하길 희망할 수 있으므로 유아들이 선호하는 악기는 여러 개를 준비해 둔다.

악기 소개하기

노래에 맞추어 악기 연주하기

활동목표

- 다양한 악기의 음색에 관심을 갖는다.
- 악기의 연주법을 알고 바르게 악기를 연주한다.

활동방법

○ 음률 영역에 소집단으로 모여 앉는다.
- 이 장 안에 여러 가지 악기들이 있어요. 어떤 악기들이 있나요?
    - 북, 종, 탬버린 등이 있다.
- 이 악기들로 무엇을 할 수 있을까요?
    - 노래에 맞추어 연주를 할 수 있다.

○ 음률 영역에 제시되어 있는 악기를 소개한다.
- 이 악기는 '탬버린' 이에요.
- 악기 소리를 들어보세요.
- 탬버린은 어떻게 연주할까요?
    - 손으로 치거나 흔들어서 소리를 내요.
- 누가 탬버린을 연주해보고 싶나요?
- 이 악기는 무엇일까요?
- 이 작은 북은 어떻게 연주할까요?
    - 둥근 부분을 채로 친다.
- 누가 작은 북을 연주해 주겠나요?

○ 이와 같은 방법으로 음률 영역에 있는 악기들을 소개한다.

○ 유아들이 각자 원하는 악기를 하나씩 고른 뒤 다함께 노래에 맞추어 악기 연주를 한다.

활동 17 치우는 시간

활동목표

- 유치원의 교구를 바르게 정리하는 방법을 안다.
- 가지고 논 놀잇감을 스스로 치워야 함을 안다.
- 스스로 정리정돈하는 습관을 기른다.

활동방법

○ 정리정돈이 끝난 후 교사가 정리가 되지 않은 놀잇감들을 모아 바구니에 담는다. TIP

○ 유아들과 함께 정리가 되지 않은 놀잇감들을 가지고 모여 앉는다.

○ 정리가 되지 않은 놀잇감들을 보며 이야기를 나눈다.

- 우리가 방금 무엇을 했나요?
  - 놀이에 사용했던 놀잇감을 제자리에 정리했다.
- 그런데 이렇게 정리되지 않은 놀잇감들이 있어요.
- (교사가 정리되지 않은 물건 중 하나를 보여 주며 노래를 부른다) '인형들은 어디?' 인형은 어디에 정리할까요?
  - 유아 1명이 인형을 정리한다.
- (교사가 정리되지 않은 물건 중 하나를 보여 주며 노래를 부른다) '자동차는 어디?' 자동차는 어디에 정리할까요?
  - 유아 1명이 자동차를 정리한다.

○ 교사가 정리되지 않았던 놀잇감 두 개를 노랫말에 넣어 노래를 부른다. 이때 유아들이 교사와 함께 노래를 부르도록 격려한다.

관련활동

- 수학 · 조작 영역 '제자리에 물건 정리하기' (41쪽 참고)

집단형태

대집단활동

활동유형

노래

활동자료

정리가 되지 않은 놀잇감들(예: 모형 자동차, 역할 놀이 소품, 과학 영역의 물건, 책 등), 바구니

TIP 정리정돈이 잘 이루어지지 않은 날 놀이평가 시간에 실시한다.

악 보

치우는 시간

작사 · 곡 김진영

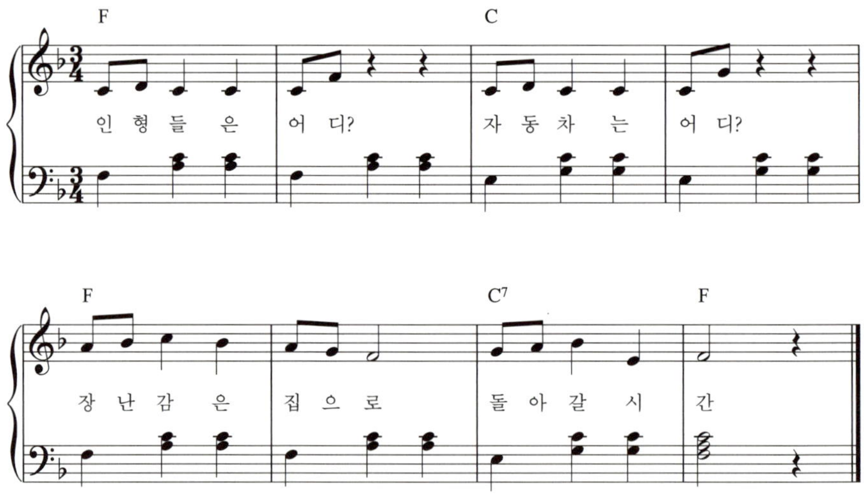

활동 18 유치원의 동물들이 먹을 수 있는 음식

활동목표

- 유치원 동물들이 먹을 수 있는 음식과 먹을 수 없는 음식이 있음을 안다.
- 유치원 동물들을 사랑하며 돌보는 태도를 기른다.

활동방법

○ 마당놀이를 하기 전에 모여 앉는다.

○ 유치원 마당 동물장에 살고 있는 동물들에 대해 이야기한다.

- 유치원 마당 동물장 안에 누가 살고 있나요?
- 동물들에게 집에서 가져온 먹이를 준 적이 있나요? 동물들에게 주기 위해 어떤 먹이를 가져왔나요?
    - 당근, 사과 껍질 등

○ 낮은 책상 위에 준비한 실물 자료를 꺼내며 유치원 동물들이 먹을 수 있는 음식에 대해 이야기 나눈다.

- (물건을 한 개씩 꺼내 놓으며) 이것은 무엇일까요?
- ○○(음식)은 ○○(동물 이름)이 먹을 수 있을까요? (예: 토끼가 나뭇가지를 먹을 수 있을까요?, 토끼가 나뭇잎을 먹을 수 있을까요? 등)
- ○○(음식)은 왜 먹으면 안 될까요? (예: 왜 나뭇가지를 먹으면 안 될까요?, 왜 나뭇잎을 먹으면 안 될까요? 등)
- ○○(음식)을 먹으면 동물들이 어떻게 될까요?
    - 동물이 아플 수 있어요.
    - 동물을 괴롭히는 거예요.
    - 동물이 죽을 수도 있어요.
- 동물들에게 줄 먹이를 가져올 때 동물들이 먹을 수 있는 것으로 준비해옵시다.

활동방법

- 실외 영역 '동물 먹이주기' (50쪽 참고)

집단형태

대집단 활동

활동유형

과학

활동자료

채소, 과일 껍질, 나뭇가지, 낮은 책상, 낙엽 등

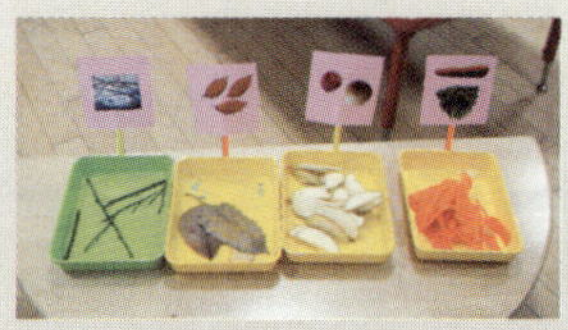

'유치원의 동물들이 먹을 수 있는 음식' 활동 자료

유치원의 동물들이 먹을 수 있는 음식 소개하기

활동 19

동물 먹이주기

집단형태

자유선택활동

활동유형

실외 영역

활동자료

유아들이 가져오거나 교사가 준비한 동물 먹이(예 : 사과 껍질, 당근 껍질, 상추, 오이 껍질 등), 동물 먹이 바구니 TIP

TIP 활동 전날 유아들에게 동물 먹이를 가져와 줄 수 있음을 알리고 부모들에게도 가정 통신문을 보내 도움을 청한다. 당일 먹이를 가져오지 않은 유아들도 먹이를 줄 수 있도록 교사도 동물 먹이를 충분히 준비해 놓는다.

동물 먹이 소개하기

동물 먹이주기

활동목표

- 동물에게 먹이를 줄 때 주의할 점을 안다.
- 동물을 사랑하고 보살피는 마음을 갖는다.

활동방법

○ 마당 놀이 시간 전 동물 먹이를 가지고 온 유아를 소개한다.
- 오늘 마당 놀이 시간에 동물에게 주려고 먹이를 가지고 온 어린이가 있어요.
- ○○는 동물 먹이를 가지고 앞으로 나오세요.
- ○○가 친구들에게 무엇을 가지고 왔는지 이야기해 주세요.
  - "나는 당근을 가져왔어."
- ○○에게 당근을 왜 가지고 왔는지 물어볼까요?
  - "○○야, 당근을 왜 가지고 왔어?"
  - "토끼를 주려고 당근을 가져왔어."
- 선생님이 동물을 사랑하는 ○○에게 노래를 불러줄게요.

○ 교사가 '동물 사랑하는 아이' 노래를 불러준다.
- 마당 놀이 시간에 ○○와 함께 동물장으로 가 토끼에게 먹이를 줍시다.

○ 마당 놀이 시간에 동물을 관찰하거나 동물에게 먹이를 주고 싶은 유아들이 동물장 앞에 모인다.

○ 동물 먹이 바구니 안에 담긴 동물 먹이를 살펴본다.
- 바구니 안에 무엇이 있나요?
  - 당근, 사과 껍질, 상추 등이 있다.
- (나뭇잎, 나뭇가지를 보여 주며) 토끼가 나뭇잎이나 나뭇가지를 먹을 수 있을까요?
- 토끼가 나뭇잎이나 나뭇가지를 먹게 되면 어떻게 될까요?
  - 나뭇잎이나 나뭇가지는 토끼가 먹지 못하는 것이다. 나뭇잎이나 나뭇가지를 먹다가 아프거나 죽을 수 있다.

○ 동물에게 먹이를 줄 때 주의해야 할 점에 대해 이야기 나눈다.
- 동물에게 먹이를 줄 때 주의할 점이 있어요. 무엇일까요?
  - 토끼가 먹을 수 있는 것만 준다.

  • 먹이를 너무 많이 먹으면 배탈이 날 수 있으므로 적당한 양의 먹이를 준다.
  • 동물들이 먹이를 먹다가 물 수도 있으므로 동물장 안으로 손가락을 넣지 않는다.
- 내가 가지고 온 동물 먹이를 친구들도 주고 싶어 할 때에는 어떻게 해야 할까요?
  • 친구와 함께 먹이를 준다.

○ 동물장의 동물에게 먹이를 준다.

유의점

- 교사는 유아들이 먹이 주는 모습을 관찰하며 동물에게 먹이로 줄 수 있는 것과 먹이로 줄 수 없는 것을 구분할 수 있도록 지도한다. 이와 더불어 유아들이 동물을 사랑하는 마음으로 돌보아주는 태도를 형성할 수 있도록 한다.

관련활동

- 과학 '유치원의 동물들이 먹을 수 있는 음식' (49쪽 참고)

악 보

동물 사랑하는 아이

※ ‖: :‖ 부분은 해당되는 유아의 이름을 모두 넣을 수 있을 만큼 반복한다.

활동 20

집에 갈 때 노래

집단형태
대집단활동

활동유형
노래

활동자료
어린이 손인형 2개

활동목표

- 유치원에서의 하루 일과를 이해한다.
- 유치원은 즐겁고 재미있는 곳이라는 마음을 갖는다.
- 헤어질 때 인사하는 방법을 안다.

활동방법

○ 귀가 지도 전 집에 가는 이야기를 나누며 노랫말을 소개한다.

- 이제 집에 갈 시간이에요. 그런데 은주와 민호가 ○○○반 어린이들에게 할 이야기가 있다고 해요. 다함께 "은주야! 민호야!" 하고 불러 봐요.

은 주　안녕, ○○○반 어린이들. 나 오늘 유치원에서 정말 재미있었어.

민 호　무엇을 하는 것이 재미있었니?

은 주　쌓기 놀이 영역에서 블록을 높이 쌓아 아파트를 만들었어. 정말 재미있었어. 민호야, 너는 오늘 무엇이 가장 재미있었니?

민 호　난 역할 놀이 영역에서 친구들과 소풍가는 놀이를 했어. 맛있는 음식을 싸서 친구들과 함께 나누어 먹은 것이 재미있었어. ○○○반 어린이들은 오늘 유치원에서 무엇을 했니?

(하루를 지내며 있었던 일, 재미있었던 일에 대한 유아들의 의견을 듣는다.)

은 주　와~ 재미있었겠구나. 그런데 벌써 집에 갈 시간이 되었어.

민 호　벌써 집에 갈 시간이야? 아쉽다.

은 주　그래도 내일 다시 만날 수 있잖아. 내일 만나서 더 재미있게 놀자. 잘가, 안녕~

민 호　잠깐, 은주야, 우리 선생님께도 인사드리자. 뭐라고 인사드려야 하지? ○○○반 어린이들은 알고 있니?

은 주　그럼 다 함께 선생님께 '안녕히 계세요' 하고 인사드리자.

(유아들과 함께 인사를 한다.)

민 호　그런데 집에 갈 때 친구에게 인사하면서 부를 수 있는 노래가 있어. 내가 불러줄게.

○ 손인형을 이용하여 노래를 들려준다.

○ 유아들과 함께 부른다. TIP

관련활동

- 이야기나누기 '귀가 방법 소개' (54쪽 참고)

악 보

갈 때 인사 노래

작사 · 곡 김진영

> **TIP** 매일 집에 가기 전에 교사와 함께 노래를 부르며 유아들이 자연스럽게 노래에 익숙해지도록 한다.

활동 21

귀가 방법 소개

집단형태

중집단활동(약 10명)

활동유형

이야기나누기

활동자료

철판, 그림 자료(초록색선이 있는 바닥 그림, 노란문(실내 출입문), 초록문(실외 출입문), 사람 그림) TIP

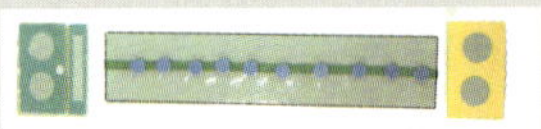

'귀가 방법 소개' 그림 자료

TIP 이화유치원에서는 실내 출입문과 실외 출입문의 색깔이 다르다. 실내 출입문은 노란색, 실외 출입문은 초록색으로 되어 있다.

귀가방법에 대해 이야기나누기

활동목표

- 유치원에서의 하루 일과를 안다.
- 귀가하는 방법을 안다.

활동방법

○ 유치원 개학하는 첫날 귀가지도 전에 모여 앉는다.

○ 귀가방법을 소개한다.

- 이제 유치원이 끝나서 집에 갈 시간입니다. 집에 가려면 누구를 만나야 할까요?
  - 엄마, 아빠, 할머니, 할아버지, 이모 등
- ○○○ 반 어린이들을 데리러 오신 분을 만나서 집으로 갈 거예요.
- 선생님이 유치원이 끝나고 데리러 오신분을 만나는 방법에 대해 알려줄게요.
- 데리러 오신분은 유치원 바깥에서 ○○○ 반 어린이들을 기다리고 계세요.
- 데리러 오신분을 만나기 위해 밖으로 나가려면 무엇을 신어야 할까요?
  - 신발을 신어야 한다.
- 신발은 어디에 있나요?
  - 각자의 장
- 신발을 가지러 장에 가려면 노란문과 초록문 중 어떤 색깔의 문으로 나가야 할까요?
  - 노란문으로 나가야 한다.
- 선생님이 이름을 부르는 어린이는 노란문으로 나가 자기 장에 가세요.
- 자기 장에서 실내화를 벗어 놓은 후 신발을 가지고 다시 교실로 들어오세요.
- 데리러 오신 분을 만나기 위해 밖으로 나가려면 어떤 색깔의 문으로 나가야 할까요?
  - 초록문으로 나가야 한다.
- (그림 자료를 붙이며) 선생님이 노란문과 초록문 사이에 선을 그어놓았어요.
- 신발을 가지고 온 어린이는 선 위에 차례차례 앉으세요.
- 모든 사람이 준비가 되면 선생님이 초록문을 열 거예요.
- 선생님이 이름을 부르면 초록문으로 나와서 신발을 신으세요.
- 신발을 신은 어린이는 선생님 앞에 줄을 서세요.
- ○○○ 반 어린이들이 줄을 서면 데리러 오신 분이 계신 곳(유치원 대문)으로 갈

거예요.

○ 귀가 시 지켜야 할 약속에 대해 이야기한다.

- 데리러 오신 분을 만날 때 어떤 약속을 지켜야 할까요?
  - 많은 어린이들이 동시에 데리러 오신 분을 부르면 선생님의 말씀을 들을 수 없으므로 조용히 기다린다.
  - 선생님이 이름을 부르면 차례차례 나간다.
  - 선생님께 인사를 하고 데리러 오신 분을 만나서 귀가한다.

유의점

- 이 활동은 유치원 개학하는 첫날 귀가지도 전에 이루어지는 활동이다. 유아들이 처음 귀가하는 날이므로 교사는 유아가 외부로 나가는 다른 문을 이용해 밖으로 나가지 않도록 지도한다.
- 데리러 오신 분들이 귀가방법을 사전에 알고 정해진 귀가 장소에서 자녀를 기다릴 수 있도록 신입부모 안내 모임 때 귀가 장소 및 방법에 대해 공지한다.

귀가하기 전 줄지어 앉기

활동 22

주말 지내기

집단형태

대집단활동

활동유형

이야기나누기

활동자료

달력, 집그림, 학급 표시 그림

TIP '주말 지내기' 이야기나누기는 매주 금요일마다 반복하여 유아들이 주중과 주말의 개념을 생활 속에서 자연스럽게 익히도록 한다.

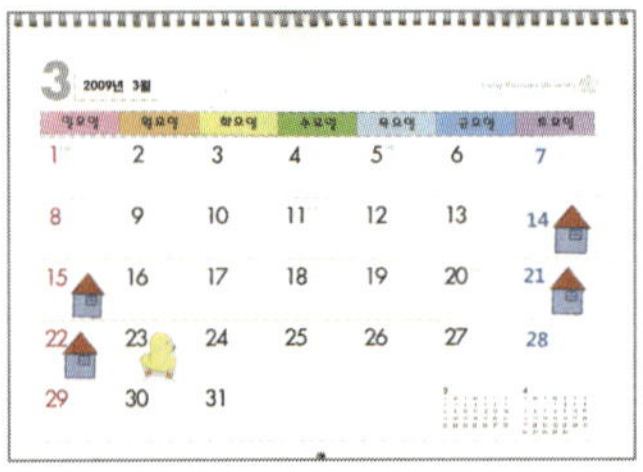

집에서 쉬는 날과 유치원에 오는 날이 표시된 달력

달력 보며 주말 소개하기

활동목표

- 시간의 흐름에 관심을 갖는다.
- 유치원에 오는 날과 오지 않는 날이 있음을 안다.

활동방법

○ 금요일 귀가지도 시 달력을 사용하여 이야기한다. TIP

- 내일은 토요일이어서 유치원에 오지 않아요. 언제까지 집에서 지내는지 알 수 있도록 선생님이 달력에 집 그림을 붙여줄게요. (달력의 토요일과 일요일 칸에 집 그림을 붙인다)
- (집 그림을 붙인 날을 세어보며) 며칠 동안 집에서 지내나요?
- 언제 유치원에 올까요? 선생님이 달력에 ○○○(학급표시) 그림을 붙여줄게요. (달력의 돌아오는 월요일 칸에 학급 표시 그림을 붙인다)

○ 주말 동안 집에서 무엇을 하며 지낼지 유아 4~5명의 이야기를 듣는다.

- 토요일과 일요일에 집에서 지내는 동안 아빠, 엄마와 무엇을 하기로 했나요?

○ 월요일에 다시 만날 것임을 이야기한다.

- 토요일과 일요일에 집에서 지낸 후 우리는 무슨 요일에 다시 만나나요?
- 월요일에 건강하고 깨끗한 모습으로 친구들과 선생님을 만나기 위해 할 일이 있어요.
  - 일찍 자고 일찍 일어나기
  - 목욕하기
  - 손톱, 발톱 깎기
- 토요일, 일요일 동안 가족과 즐겁게 지내다가 월요일에 유치원에서 다시 만나요.

확장활동

- 월요일에 유아들과 소그룹으로 모여 주말 동안 가졌던 경험에 대해 이야기를 나눈다.

활동 23

정수기 사용방법 소개

활동목표

- 유치원 정수기의 사용법을 안다.
- 여러 명이 함께 정수기를 사용하는 방법을 안다.

집단형태

소집단활동(약 5명)

활동유형

이야기나누기

활동방법

○ 정수기의 용도에 대해 이야기를 한다.

- 이곳은 언제 오는 곳인가요?
  - 목이 마를 때 물을 마시기 위해 온다.

○ 정수기 사용법에 대해 이야기를 한다.

- 물을 마시려면 무엇이 필요할까요?
  - 종이컵이 필요하다.
- 정수기를 어떻게 사용해야 할까요?
  - 정수기용 종이컵을 꺼낸다.
  - 컵을 정수기의 물 나오는 곳 아래에 댄다.
  - 물 나오는 단추를 눌러 마실 만큼의 물을 종이컵에 담는다.
  - 물을 마신다.
- 물을 다 마시고 난 다음에는 어떻게 해야 할까요?
  - 사용한 종이컵은 쓰레기통에 버린다.

○ 정수기 사용법에 따라 물을 마신다.

○ 정수기 사용 시 지켜야 할 약속에 대해 이야기를 한다.

- 여러 명이 물을 마시고 싶을 때는 어떻게 해야 할까요?
  - 차례차례 줄을 서서 기다린다.
  - 컵에 물을 담은 사람은 다음 사람이 물을 받을 수 있도록 옆으로 가서 물을 마신다.
- 다 쓰고 난 종이컵은 쓰레기통에 버리세요.

줄 서서 차례로 물 마시기

활 동
24 유치원의 여섯 반 알아보기

집단형태

대집단활동

활동유형

이야기나누기

활동자료

각반의 표시 그림(예: 병아리반, 개나리반, 무궁화반, 진달래반 등), 그림자료(예: 다람쥐: 3조각으로 나뉨, 토끼: 부분 보고 그림 맞추기 등), 게시판

학급 표시 그림 – 병아리반, 개나리반, 무궁화반, 진달래반

다람쥐 조각 그림

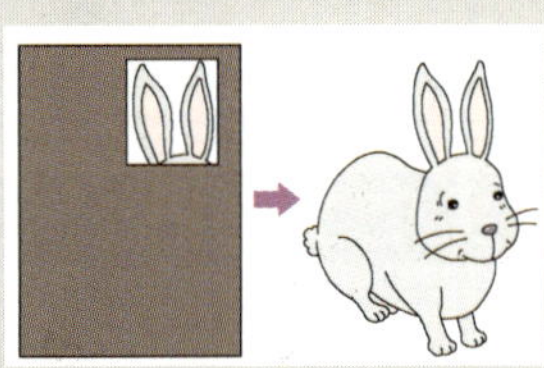
토끼 그림 부분 보고 전체 맞추기

TIP 1 다른 반에 형제가 다니는 유아가 있을 경우에 "○○의 언니는 무슨 반일까요?"라고 물어보면서 형제관계를 통해서 반을 소개할 수도 있다.

활동목표

- 유치원은 여러 사람들이 함께 모여 생활하는 곳임을 안다.
- 우리 학급 이외에 다른 학급이 있음을 안다.

활동방법

○ 유아가 속해 있는 학급을 소개한다.
- (병아리반 학급 표시를 붙이며) 우리는 이화유치원 무슨 반 어린이들인가요?
  - 병아리반이다.
- '병아리'가 나오는 노래를 알고 있는 어린이가 있나요?
  - '봄나들이' 노래를 부른다.

○ 종일제 학급인 '개나리반'을 소개한다. TIP 1
- ('봄나들이' 노래를 부른 후) 이 노래에는 어떤 꽃이 나오나요?
- (개나리반 표시를 붙이며) 이화유치원에는 개나리반도 있어요.
- 개나리반에 대해 알고 있는 것이 있나요?
  - 개나리반은 중앙현관에서 가장 가까운 반이다.
  - 개나리반은 6살과 7살 형들이 지내는 반이다.
  - 개나리반 어린이들은 유치원에서 점심도 먹고 낮잠도 잔다.

○ 만 5세 학급인 '무궁화반'을 소개한다.
- 병아리반과 화장실을 같이 쓰는 반은 어떤 반일까요? 이 반 이름에도 꽃 이름이 들어가요. 노래를 듣고 어떤 반인지 알아맞혀 보세요.
- ('무궁화' 노래를 부른 뒤) 어떤 반일까요?
- 무궁화반은 몇 살 형들이 지내는 반일까요?
  - 무궁화반은 7살 형들이 지내는 반이다.

○ 만 5세 학급인 진달래반을 소개한다.
- 병아리반 옆 반에도 무궁화반과 똑같이 7살 형들이 지내고 있어요.
- 이 반은 봄에 볼 수 있는 분홍색 꽃 이름을 가지고 있어요. '진'으로 시작하는 이 반의 이름은 무엇일까요?
  - (진달래반 표시를 붙이며) 진달래반

○ 만 4세 학급인 '다람쥐반'을 소개한다.

- (3조각으로 나뉜 다람쥐 그림을 보여 주며) 선생님이 여기 그림 맞추기 조각을 준비했어요. 누가 나와서 맞추어 줄까요?
- 조각을 맞추었더니 어떤 그림이 되었나요? (다람쥐) TIP 2
- 이화유치원에는 다람쥐반이 있어요. 다람쥐반에 대해 무엇을 알고 있나요?
  - 다람쥐반은 2층에 있는 반이다.
  - 6살 형들이 지내는 반이다.

○ 토끼반을 소개한다.

- (토끼반 그림의 일부분(예: 귀 부분)을 보여 주며) 어떤 동물의 귀일까요?
  - 토끼의 귀이다.
- 이화유치원에는 토끼반이 있어요. 토끼반은 어떤 반일까요?
  - 토끼반은 2층에 있는 반이다.
  - 6살 형들이 지내는 반이다.

○ 이화유치원의 학급구성에 대해 다시 한번 이야기한다.

- 이화유치원에는 이렇게 5살, 6살, 7살 어린이들이 함께 다녀요. 그리고 병아리, 다람쥐, 토끼, 개나리, 무궁화, 진달래의 6개 반이 있어요.

관련활동

- 이야기나누기 '유치원 돌아보기 I' (60쪽 참고)
- 이야기나누기 '유치원 돌아보기 II' (62쪽 참고)
- 이야기나누기 '다른 학급 친구들과 인사 나누기' (64쪽 참고)

TIP 2 사전에 유치원의 각 학급 표시를 활용한 조작 놀잇감을 제공하여 학급명과 표시를 익숙하게 한다.

활동 25

유치원 돌아보기 I

집단형태

중집단활동(약 10명)

활동유형

이야기나누기

활동목표

- 유치원은 여러 사람들이 함께 생활하는 곳임을 안다.
- 유치원 1층에 있는 교실 및 시설의 위치와 기능을 안다.

활동방법

○ 이화유치원의 1층을 돌아볼 것임을 이야기한다.

- ○○○반은 이화유치원의 몇 층에 있나요?
- 이화유치원 건물 1층에는 또 어떤 곳들이 있는지 직접 다니면서 살펴볼 거예요.

○ 유치원을 돌아볼 때에 지켜야 할 약속에 대해 이야기를 나눈다.

- 복도를 다닐 때에는 어떤 약속을 지켜야 할까요?
  - 바르게 줄을 서서 걸어 다닌다.
  - 조용히 다닌다.
- 다른 교실에 들어갈 때에는 어떻게 해야 할까요?
  - 문을 두드리고, 교실 안에 들어가도 되는지 물어본다.
  - 교실에 있는 물건을 함부로 만지면 안 된다.
- 다른 반에 들어갈 때 친구들이나 선생님께 어떻게 인사해야 할까요?
  - 선생님께는 '안녕하세요?' 라고 인사드린다.
  - 언니, 오빠(누나, 형)들에게는 '안녕' 하고 인사한다.
- 교실을 모두 돌아보고 나올 때에는 어떻게 인사하면 좋을까요?
  - '안녕히 계세요.', '고맙습니다.', '감사합니다.' 라고 인사드린다.
  - 궁금한 점이 있다면 여쭈어 본다.

○ 교사와 함께 유아들이 유치원 1층을 돌아보며 교실 및 시설의 명칭과 기능을 이야기 나눈다.

① 무궁화반 TIP 1

- 병아리반 옆에 있다.
- 7살 형들이 지내는 반이다.
- 유치원에서 매일 점심을 먹는다.

② 진달래반

- 무궁화반과 마찬가지로 7살 형들이 지내는 반이다.

TIP 1 다른 반을 둘러 볼 때 3세반과 다른 놀이 영역, 놀잇감에 초점을 두어 살펴본다.

③ 개나리반

- 진달래반 옆에 있다.
- 6살, 7살 형들이 함께 지내는 반이다.
- 유치원에서 점심도 먹고, 낮잠도 자는 종일반이다.

④ 원장실

- 유치원의 가장 어른 선생님이신 원장선생님께서 계시는 곳이다.
- 원장선생님은 유치원 어린이들이 잘 지낼 수 있도록 여러 가지 일을 하신다.

⑤ 교무실

- 원감선생님을 비롯하여 선생님들께서 함께 지내시는 곳이다.
- 다음날 수업시간에 필요한 자료를 준비하고, 다른 여러 가지 일을 하신다.

⑥ 서무실

- 서무선생님께서 일하시는 곳이다.
- 유치원에서 필요한 것들을 주문해서 사주기도 하고, 유치원에 온 편지를 정리하고, 편지를 보내는 일을 하신다.

⑦ 양호실

- 몸이 아프거나 다친 경우, 또는 휴식이 필요할 때 오는 곳이다.

⑧ 주방

- 조리사님이 어린이들의 간식과 점심을 준비하는 곳이다.
- 어린이들에게 위험한 도구들이 있기 때문에 들어가면 안 된다. TIP 2

교무실 돌아보기

1층 주방 돌아보기

TIP 2 주방이나 창고처럼 안전상 어린이들의 출입이 제한되는 곳은 어린이들에게 용도를 알려주고, 출입 제한에 대해 지도한다.

유의점

- 교사는 전날 유아들이 방문할 장소에 계시는 분들(예: 원장선생님, 원감선생님, 각반 담임교사, 조리사 등)에게 방문 허락을 받고, 유아들에게 들려줄 이야기를 부탁해 놓는다.

확장활동

- 이 활동은 만 5세반과 협력하여 실시할 수 있다. 만 5세 어린이들 중 몇 명이 교사의 수업 진행을 도와주는 역할을 맡아 만 3세 유아들에게 각 교실의 용도와 반에 계시는 선생님을 직접 소개한다.

관련활동

- 이야기나누기 '유치원의 여섯반 알아보기' (58쪽 참고)
- 이야기나누기 '유치원 돌아보기 II' (62쪽 참고)

활 동
26 유치원 돌아보기 Ⅱ

집단형태
중집단활동(약 10명)

활동유형
이야기나누기

2층 교실 돌아보기

TIP 1 다른 반을 둘러볼 때 3세반과 다른 놀이 영역, 놀잇감 등에 초점을 두어 살펴본다.

활동목표

- 유치원은 여러 사람들이 함께 생활하는 곳임을 안다.
- 유치원 2층에 있는 교실 및 시설의 위치와 기능을 안다.

활동방법

○ 유치원의 2층에 있는 여러 방을 돌아볼 것임을 이야기한다.
- 유치원 건물 2층에는 어떤 곳들이 있는지 직접 다니면서 살펴볼 거예요.

○ 2층 돌아보기를 할 때 지켜야 할 약속에 대해 이야기한다.
- 계단에서는 어떤 약속을 지켜야 할까요?
  - 계단을 내려갈 때(올라갈 때) 앞사람을 밀지 않는다.
  - 계단의 손잡이를 잡고 천천히 내려간다(올라간다).
- 복도를 다닐 때에는 어떤 약속을 지켜야 할까요?
  - 줄을 바르게 서서 걸어 다닌다.
  - 조용히 다닌다.
- 다른 교실에 들어갈 때에는 어떻게 해야 할까요?
  - 문을 두드리고, 교실 안에 들어가도 되는지 물어본다.
  - 교실에 있는 물건을 함부로 만지면 안 된다.
- 다른 반에 들어갈 때 친구들이나 선생님께 어떻게 인사해야 할까요?
  - 선생님께는 '안녕하세요?' 라고 인사드린다.
  - 언니, 오빠(누나,형)들에게는 '안녕' 하고 인사한다.
- 교실을 모두 돌아보고 나올 때에는 어떻게 인사하면 좋을까요?
  - '안녕히 계세요.', '고맙습니다.', '감사합니다.' 라고 인사드린다.
  - 궁금한 점이 있다면 여쭈어 본다.

○ 교사와 함께 유아들이 유치원 2층을 돌아보며 교실 및 시설의 명칭과 기능을 이야기나눈다.

① 다람쥐반 **TIP 1**
- 6살 형들이 지내는 반이다.

② 토끼반
- 다람쥐반과 마찬가지로 6살 형들이 지내는 반이다.

③ 시청각실

- TV, DVD 플레이어, 투시물환등기, 실물화상기 등 기기를 이용하여 동화를 보거나 선생님과 이야기를 나누러 오는 곳이다.

④ 도서실

- 유치원 어린이들과 부모님들이 책을 읽기도 하고 빌려갈 수 있도록 여러 가지 책을 준비해둔 곳이다.

⑤ 주방 TIP 2

- 조리사님께서 2층에서 지내는 어린이들의 식사와 간식을 준비해 주시는 곳이다.
- 어린이들에게 위험한 도구들이 있기 때문에 들어가면 안 된다.

TIP 2 주방이나 창고처럼 안전상 어린이들의 출입이 제한되는 곳은 어린이들에게 용도를 알려주고, 출입 제한에 대해 지도한다.

유의점

- 교사는 전날 유아들이 방문할 학급의 교사에게 방문 허락을 받고, 유아들에게 들려줄 이야기를 부탁해 놓는다.

관련활동

- 이야기나누기 '유치원의 여섯 반 알아보기' (58쪽 참고)
- 이야기나누기 '유치원 돌아보기 I' (60쪽 참고)

활동 27

다른 학급 친구들과 인사 나누기

집단형태

대집단활동

활동유형

이야기나누기

여러 학급이 함께 모여 인사 나누기

TIP 유치원 전 원아 모임은 다양한 주제로, 연중 지속적으로 실시한다. 본 활동은 이 중 첫 모임으로, 교사가 각 학급 소개를 하는 내용으로 프로그램을 구성한다. 학기 중반부터는 유아들이 적극적으로 활동에 참여할 수 있도록 계획한다.

활동목표

- 이화유치원에는 여러 학급이 있음을 안다.
- 이화유치원의 친구들, 형들, 선생님들과 즐겁게 지내며 친밀감과 유대감을 형성한다.
- 이화유치원의 구성원으로서 소속감과 자부심을 갖는다.

활동방법

○ 전 원아 모임 장소로 이동하기 전 모임의 취지와 모임 시 지켜야 할 약속에 대해 이야기를 나눈다.

- 이화유치원에는 어떤 반이 있나요?
  - 병아리반, 무궁화반, 진달래반, 개나리반, 다람쥐반, 토끼반이 있다.
- 유희실에서 여섯 반의 모든 어린이들과 선생님이 함께 모일 거예요. 왜 모이는 걸까요?
  - 이화유치원 어린이들, 선생님들이 다 같이 인사를 나누고 친해지기 위해서 모인다.
- 함께 모여서 우리 반을 다른 반 친구들, 형들에게 소개해 주고, 다른 반의 소개를 듣는 시간을 가질 거예요.
- 여섯 반이 함께 모일 때 어떤 약속을 지켜야 할까요?
  - 계단을 내려갈 때 앞사람을 밀거나 뛰지 않는다.
  - 바르게 앉아서 선생님의 말씀을 잘 듣는다.
  - 큰 소리로 이야기하거나 장난치지 않는다.
  - 자리에서 일어나거나 돌아다니지 않는다.

○ 전 원아 모임 장소로 이동한다.

○ 함께 모인 어린이들, 선생님들과 함께 인사를 나눈다.

- 이렇게 이화유치원의 형, 동생 모두가 모이니 어떤 마음이 드나요?
- 반가운 마음으로 인사를 나누자.

○ 각 학급의 담임교사들이 차례대로 학급을 소개하고 학급 어린이들이 준비한 노래를 불러준다. TIP

- 먼저 OOO반 선생님께서 나오셔서 OOO반을 소개해주실 거예요.

- 학급의 이름, 연령, 위치 소개하기
- 학급에서 이루어지는 재미있는 놀이, 활동 소개하기

▪ ○○○반 어린이들이 준비한 노래를 부를 거예요.

○ 원장선생님 말씀을 듣는다.

○ 모두 함께 원가를 부른다.

○ 각 학급으로 돌아간다.

학급 단체 사진

학급에서 키우는 동물 소개

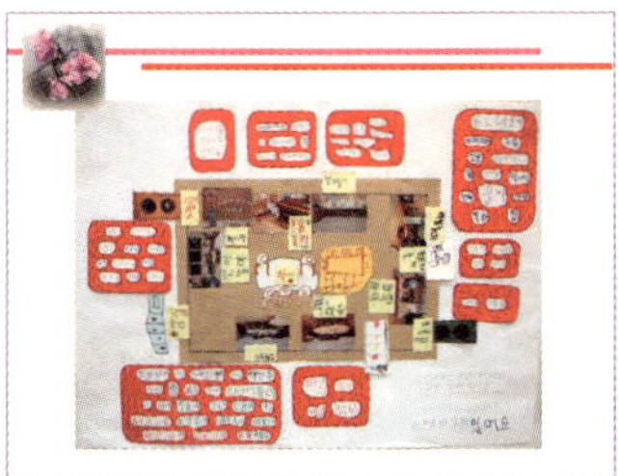
만 5세 ○○○유아들이 조사한 학급 환경구성

재미있었던 활동 소개

유의점

▪ 모임을 마친 후에는 가장 어린 연령 학급 유아들이 먼저 이동할 수 있게 한다. 유아들이 이동하는 동안 모임 장소에 남아 있는 유아들이 지루하지 않도록 손유희, 노래 등을 준비한다.

관련활동

▪ 이야기나누기 '유치원의 여섯 반 알아보기' (58쪽 참고)

▪ 이야기나누기 '유치원 돌아보기 I' (60쪽 참고)

▪ 이야기나누기 '유치원 돌아보기 II' (62쪽 참고)

활동 28 생일 축하 계획하기

집단형태

대집단활동

활동유형

이야기나누기

활동자료

달력 TIP 1, 생일 선물집(예: 유아들이 그린 그림을 끼울 수 있는 B_4 크기의 파일 등)

유아의 생일을 표시한 달력

생일 선물집

TIP 1 학급 달력에 유아들의 생일 날짜마다 사진을 붙여서 표시해둔다.

활동목표

- 생일의 의미를 안다.
- 친구의 생일을 축하하는 마음을 갖는다.
- 축하하는 마음을 다양한 방법으로 표현한다.

활동방법

○ 오늘 생일 맞은 친구가 있음을 소개한다.

- 오늘 우리 반에 생일을 맞은 친구가 있어요. 생일은 무슨 날인가요?
  - 내가 태어난 날이다.
- (달력의 사진을 보여주며) 오늘은 ○○의 생일이에요. 유치원에서 ○○의 생일을 축하하며 ○○을 기쁘게 해 줄 거예요.

○ 유치원에서 생일을 축하해 주는 방법을 이야기한다.

- ○○가 기쁘게 지낼 수 있도록 우리가 무엇을 해줄 수 있을까요?
  - 같이 재미있게 논다.
  - '생일 축하' 노래를 불러준다.
  - '축하해' 라고 말해준다.
- '생일 축하' 노래를 알고 있나요?
- 우리 모두 ○○에게 '생일 축하' 노래를 불러줍시다.
- ○○의 생일을 축하해주는 방법에는 또 무엇이 있을까요?
  - 그림을 그려서 선물을 줄 수 있다.
  - 만들기를 해서 선물을 줄 수 있다.
- 어떤 마음으로 선물을 준비해야 할까요?
  - 생일을 축하해주는 기쁜 마음으로 준비한다.
  - 정성스럽게 열심히 준비한다.

○ 생일 선물을 준비하는 방법에 대해 이야기한다.

- 방안놀이 시간 또는 간식을 먹은 뒤에 그림을 그리거나 모루 도장 찍기, 만들기를 해서 선물을 준비해줄 수 있어요. 그림이 완성되면 선생님이 이야기를 써 줄게요.

○ 방안놀이시간 또는 간식을 먹은 뒤 유아들이 생일 선물로 줄 조형작품을 만든다.

교사는 유아들의 작품을 모아 생일 선물집에 끼워 놓는다. TIP 2

유의점

- 첫 번째 생일 축하 활동은 합반 후 3~5일 정도 지나 유아들이 유치원 생활에 어느 정도 적응하였을 때 실시한다. 이 시기보다 앞서 유아의 생일이 있을 경우 사전에 부모님께 양해를 구한다.

관련활동

- 이야기나누기 '생일 축하' (68쪽 참고)

TIP 2 교사는 생일 축하를 하는 날 유아들이 실내자유선택활동 시간에 조형 영역에서 생일 맞은 유아에게 선물로 줄 그림을 그리거나 모루 도장 찍기를 할 수 있도록 준비해 놓는다. 유아가 작품을 완성하면 교사는 이야기와 이름을 적어주고, 완성된 생일작품을 생일 선물집에 모은다. 생일 선물집은 조형 영역에 두어 생일 맞은 유아와 원하는 유아들이 수시로 볼 수 있도록 한다.

활동 29

생일 축하

집단형태

대집단활동

활동유형

이야기나누기

활동자료

생일 축하판 TIP 1, 악기 연주에 사용할 악기, 율동 테이프, 생일 선물집, 생일 모자, 테이블보, 교사가 쓴 생일카드 TIP 2

TIP 1 생일 축하판은 유아들이 생일 축하 활동을 할 때 보여줄 악기연주, 노래, 율동 등의 순서를 정하는 뽑기판이다. 생활주제, 계절 등에 어울리는 배경으로 제작하며, 생일 축하 전날 생일 맞은 유아가 생일 축하 활동 시 친구들이 보여주었으면 하는 활동(예: 율동, 노래, 악기연주 등)을 미리 정하도록 한다.

생일 축하판

TIP 2 교사가 쓴 생일 카드는 생일 선물집에 미리 붙여둔다.

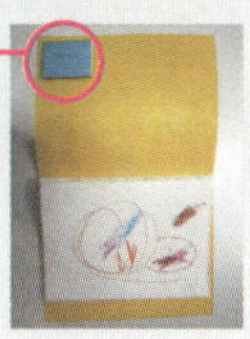

교사가 쓴 생일카드를 부착한 생일선물집

활동목표

- 친구의 생일을 축하하는 마음을 갖는다.
- 축하하는 마음을 다양한 방법으로 표현한다.

활동대형

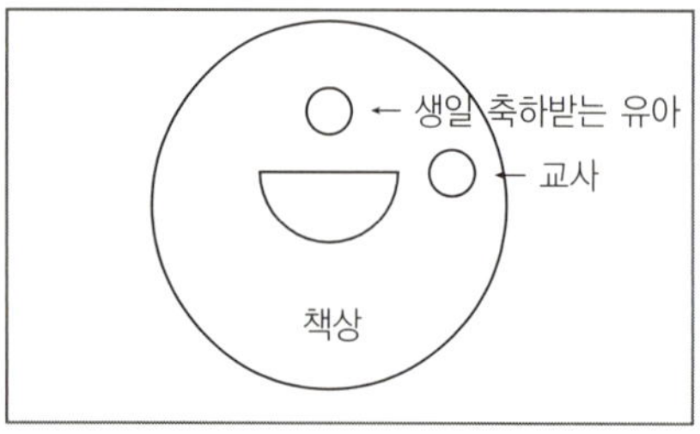

생일 축하 대형

활동방법

○ 교사가 유아의 표시 그림으로 생일 축하의 시작을 알린다.

- (사과 그림을 보여주며) 안녕! ○○○반에 사과 표시 그림을 가진 어린이가 누구인지 알고 있니?
  - ○○○
- 오늘 ○○의 생일을 축하하기 위해 모두 모였구나. 나도 너희들과 함께 ○○의 생일을 축하해 주기 위해 왔단다. 우리 다 함께 ○○의 생일을 축하해 주자.

○ 교사가 생일 맞은 어린이를 위한 생일 모자를 소개한다. TIP 3

- 선생님이 ○○의 생일을 위해 생일 모자를 준비해 왔어요. 선생님의 ○○에게 생일 모자를 씌워주는 동안 다 함께 생일 축하 노래를 불러주세요.

○ 생일 축하판을 이용하여 생일 축하를 진행한다.

생일 축하판으로 활동 정하기

- 이제 우리가 ○○의 생일을 축하해 주기 위해서 악기 연주와 노래, 율동을 해줄 거예요. 어떤 것을 먼저 할 것인지 ○○가 고르는 그림을 잘 보세요.
  - 율동: 생일을 맞은 유아가 사전에 정한 율동을 원하는 유아들이 나와서 한다. 짝 율동의 경우 6명 정도가 적당하며, 율동의 종류에 따라 적정 인원수를 정한다. TIP 4
  - 노래: 생일 맞은 유아가 듣고 싶은 노래를 6명 정도의 유아들이 앞에 나와 불러준다.
  - 악기 연주: 유아 6명 정도가 앞에 나와 음률 영역에 마련된 악기를 노래에 맞추어 연주한다. 연주하는 곡은 생일 맞은 유아가 결정한다. 앉아 있는 유아들은 노래를 부른다.

○ 생일 맞은 유아가 친구들에게 답례를 한다.
- ○○야, 친구들의 생일 축하를 받으니 기분이 어떠니?
- 생일 축하를 해준 친구들에게 고마운 마음으로 준비해 온 것이 있나요?
  - 생일 맞은 유아는 자신이 준비한 것을 답례로 보여 준다. TIP 5

○ 생일 선물 및 생일 카드를 전달한다.
- 생일 선물로 ○○○반 어린이들의 작품이 담긴 생일 선물집을 준비했어요.
- 선생님은 ○○을 위해 생일 카드를 선물로 준비했어요.

○ 교사가 생일 맞은 유아의 표시 그림으로 생일 축하의 끝을 알린다.
- (사과 그림을 보여주며) ○○야, 생일 축하해. 친구들과 선생님의 생일 축하를 받으니 정말 기분이 좋겠구나. 이제 생일 축하를 끝마칠 시간이 되었어. 우리 모두 ○○에게 '생일 축하해' 라고 이야기해 주자.
- 모든 유아들이 생일 맞은 유아에게 '생일 축하해' 인사말을 한다.

유의점

- 생일 축하를 하는 날 일과를 계획할 때에는 귀가 전에 생일 축하 활동을 배치하여 생일 맞은 유아의 부모님이 생일 축하를 참관한 후, 자녀와 함께 귀가할 수 있도록 한다.

관련활동

- 이야기나누기 '생일 축하 계획하기' (66쪽 참고)

TIP 3 이화유치원에서는 생일 축하 하는 날 생일 맞은 유아에게 생일 모자를 씌워주어 생일이 특별한 날임을 인식할 수 있도록 하고 있다. 생일 모자는 생일 맞은 유아가 좋아하는 그림이나 계절에 어울리는 그림으로 붙여 꾸민다.

생일 모자

TIP 4 교사는 생일 축하 전날 생일 맞은 유아와 친구들이 보여 주었으면 하는 활동을 정한 후 그에 적절한 인원수를 정한다.

TIP 5 생일 축하를 실시하기 약 일주일 전, 생일 맞은 유아의 부모에게 생일 축하에 관한 준비사항(예: 날짜, 활동 내용, 생일 맞은 유아가 친구들에게 답례로 보여 줄 것 등)을 안내한다. 답례는 생일 맞은 유아가 친구들에게 고마움의 마음을 표시하는 것이다. 부모님께 유아 스스로 자신있게 할 수 있는 것으로 준비하도록 도와주실 것을 당부한다.

활동 30

그림 표시 위에 서기

집단형태

중집단 활동(약 10명)

활동유형

신체(체육)

활동자료

그림 표시(유아 수만큼), 호루라기

활동대형

자유대형, 일렬대형

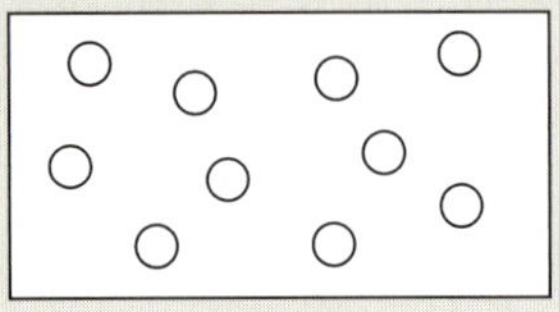

자유대형

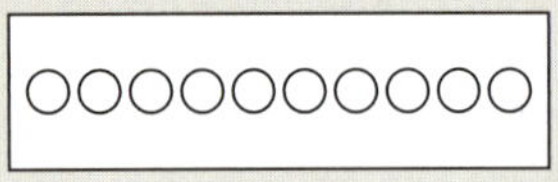

일렬대형

TIP 1 호루라기를 불고 난 뒤 교사가 "그림 위에 서세요."라는 말을 함께 해주어 유아들이 쉽게 호루라기 신호를 이해할 수 있도록 한다.

TIP 2 유희실을 자유롭게 걸어다닐 때 유아들이 서로 부딪치지 않도록 한다.

TIP 3 유아들이 한 줄 서기에 익숙하지 않은 경우, 이동하기 전 앞사람이 누구인지 확인한 후 앞사람을 따라서 이동 하도록 한다. 또한 한 줄로 서서 교실로 이동할 때 앞사람의 어깨를 잡고 가면 여러 명이 한꺼번에 넘어질 수 있으므로 유아들이 앞사람의 어깨를 잡지 않고 가도록 지도한다.

활동목표

- 나를 중심으로 앞, 뒤, 옆을 안다.
- 바르게 줄 서는 방법을 안다.
- 즐거운 마음으로 신체활동에 참여하며 긴장감을 해소한다.

활동방법

○ 반원 대형으로 모여 앉아 준비된 자료를 살펴보며 활동방법을 소개한다.
- (바닥에 자유 대형으로 붙어 있는 그림 표시를 짚으며) 바닥에 무엇이 있나요?
  - 그림 표시가 있다.
- 유희실을 돌아다니다가 (호루라기 소리를 들려 주며) 호루라기 소리가 나면 그림 표시 위에 올라서는 거예요. TIP 1
- 누가 나와서 보여 줄 수 있나요?

○ 활동에 필요한 약속을 정한다.
- 걸어 다닐 때 어떤 약속을 지켜야 할까요?
  - 여러 사람이 함께 다니기 때문에 뛰면 서로 부딪칠 수 있으므로 걸어다닌다. TIP 2

○ 활동방법에 맞추어 모든 유아들이 나와서 3~4회 활동을 한다.

○ 그림 표시를 일렬대형으로 바꾼 후 그림 표시를 살펴본다.
- 모두 자리에 들어가서 앉으세요.
- 이제 바닥에 붙어 있는 그림 표시를 떼어서 다른 곳으로 옮겨 붙일 거예요. 누가 선생님과 함께 그림 표시를 옮겨줄 수 있나요?
  - 교사와 유아 2~3명이 나와서 그림 표시의 위치를 일렬대형으로 바꾼다.
- 그림 표시가 어떻게 달라졌나요?
  - 한 줄이 되었다.

호루라기 소리에 맞춰 그림 표시에 올라서기

○ 달라진 활동방법을 소개한다.
- 걷다가 호루라기 소리가 나면 한 줄로 되어 있는 그림 표시 위에 서세요.
- 표시 위에 설 때 선생님이 어디 있는지 보고 선생님을 향해 서세요.

○ 활동방법에 맞추어 모든 유아들이 나와서 2~3회 활동을 한다.

○ 그림 표시 위에 한 줄로 선 상태에서 교실로 올라간다. TIP 3

활동 31 공 전달하기와 공 굴리기 I

활동목표

- 공의 구르는 특성을 안다.
- 공을 사용하여 눈과 손의 협응력을 기른다.

활동대형

일렬로 앉아서 서로 마주보는 대형 TIP 1

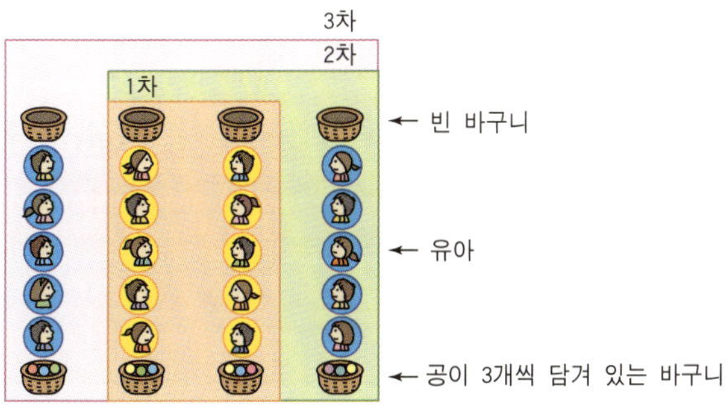

활동방법

○ 노란색 그림 표시 위에 앉아서 옆에 앉은 짝과 마주 본다.

○ 유아들에게 공을 보여 주며 공을 가지고 여러 가지 활동을 할 것임을 소개한다.

○ 유아들에게 활동방법을 소개한다.

| 1차 활동 대형 |

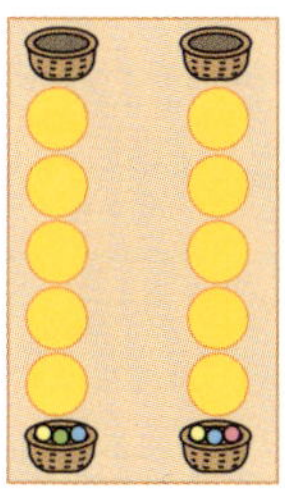

- 바구니에서 공을 한 개씩 꺼내 옆 사람에게 전달해 주세요. TIP 3
- 마지막 사람은 빈 바구니에 공을 담아주세요. TIP 4

○ 그림 표시 위에 앉은 유아들 중 한 편이 파란색 그림 표시로 자리를 옮겨 공간을 넓힌다.

집단형태

중집단활동(약 10명)

활동유형

신체(체육)

활동자료

그림 표시(노랑 · 파랑/유아 수만큼), 공 6개 TIP 2, 바구니 4개, 호루라기

TIP 1 유아들이 노란색 그림 표시에 앉아서 활동을 한 후 파란색 그림 표시로 자리를 옮겨 활동하므로 두 색깔의 그림 표시를 미리 붙여둔다.

TIP 2 유아들의 발달 수준에 따라 공의 크기가 너무 작지 않은 것(공의 지름이 약 20~25cm 정도)으로 선택한다.

TIP 3 유아들에게 익숙한 노래의 노랫말을 바꾸어 활동 방법을 소개할 수 있다.
예: '작은 별' 노래를 개사한다.
'옆으로 옆으로 전달하세요~마지막에 가면 바구니에 쏙'

TIP 4 유아들이 공 전달하는 방법에 익숙해지면 시차를 두고 연속해서 공 세 개를 전달한다.

| 2차 활동 대형 |

■ ○○부터 ○○까지 파란색 그림 표시 위에 앉으세요.

○ 달라진 활동방법을 소개한 후 유아 한 명과 시범을 보인다.

■ 앞에 있는 친구들과 마주보고 앉으세요.

■ 공을 바닥에 굴려서 앞에 있는 친구에게 전해주세요.

■ 누가 선생님과 바닥에 공 굴리는 것을 보여 줄 수 있나요?

공 전달하기와 공 굴리기

○ 다리를 벌린 후 짝끼리 마주 앉는다.

○ 바닥에 공을 굴려 짝에게 전달한다.

○ 유아들이 활동에 익숙해지면 다른 한편도 파란색 그림 표시에 앉아 공간을 더욱 넓힌다. 짝끼리 마주 앉아서 바닥에 공을 굴려 전달한다.

| 3차 활동 대형 |

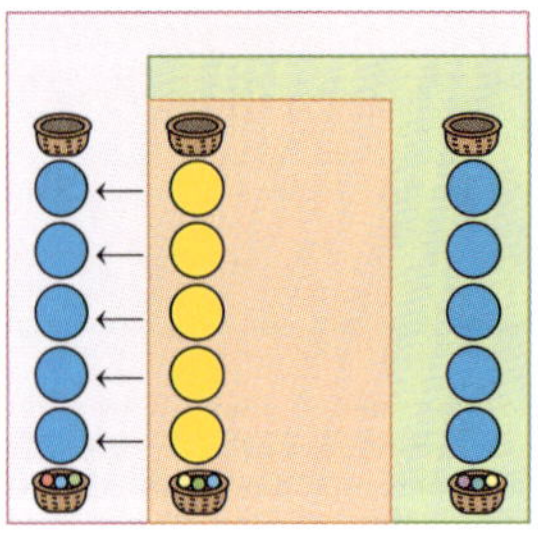

관련활동

■ 신체 '공 전달하기와 공 굴리기 II' (105쪽 참고)

■ 신체 '오뚝이 공 맞추기' (107쪽 참고)

활동 32 높이 뛰세요

활동목표

- 제자리에서 돌기, 기어가기, 높이 뛰기의 기본동작을 익힌다.
- 움직임을 묘사하는 의태어에 관심을 갖고, 몸으로 표현한다.
- 즐거운 마음으로 신체활동에 참여하며 긴장감을 해소한다.

활동방법

○ 유희실 바닥에 붙인 자리 표시 위에 선다.

○ '선생님처럼 해봐요' 에 맞추어 율동과 관련된 동작(예: 두 팔 벌리기, 제자리에서 돌기, 흔들흔들 춤추기, 엉금엉금 기기, 높이뛰기, 천천히 앉기 등)을 하며 활동을 소개한다.

- 오늘은 노래에 맞추어 율동을 해 볼 거예요.

○ 교사가 율동을 시범보이며 율동 동작을 설명한다.

- 선생님이 노래에 맞추어 율동하는 모습을 보여줄게요.
- 선생님이 하는 모습을 보고 따라해 보세요.

① 빙글빙글빙글 돌아가다가

- 두 팔을 양 옆으로 벌린 후 제자리에서 빙글빙글 도세요.

② 흔들흔들흔들 앉아보세요

- 멈춰선 후 몸을 좌우로 움직이며 천천히 앉는 거예요.

③ 엉금엉금엉금 기어가다가

- 두 손과 두 발을 바닥에 닿게 해 봅시다.
- 천천히 엉금엉금 기어가는 거예요.

④ 살그머니 일어나 높이 뛰세요.

- 살그머니 자리에서 일어나서 두 팔을 위로 뻗으면서 공중으로 높게 뛰어 오르세요.

○ 교사가 불러주는 노래에 맞추어 반 집단씩 율동한다. TIP

- 선생님이 부르는 노래에 맞추어 율동을 해 봅시다.

○ 모두 함께 처음부터 끝까지 율동한다.

- 이제 처음부터 끝까지 이어서 율동을 해 봅시다. 선생님이 부르는 노래에 맞추어 율동하세요.

○ 정적인 동작으로 휴식을 취하며 활동을 마무리한다.

집단형태
중집단활동(약 10명)

활동유형
율동

활동자료
자리 표시, 피아노 또는 녹음테이프와 녹음기

활동대형
자유 대형

TIP 유아들의 율동 속도에 맞추어 노래의 속도를 조절한다. 따라서 처음 율동을 배울 때에는 녹음 자료를 사용하기 보다는 교사가 육성으로 불러 주는 것이 좋다.

'높이 뛰세요' 율동하기

유의점

- 유아들이 엉금엉금 기어갈 때 한 곳으로 모여 서로 부딪치지 않도록 간격을 넓게한다.

악 보

높이 뛰세요

작사 · 곡 김진영

활동 33 바르게 인사하기

활동목표

- 바르게 인사하는 방법을 안다.
- 바르게 인사하는 습관을 기른다.

활동방법

○ 손 인형을 사용하여 유리와 정민이의 이야기를 들려준다. TIP

유 리 안녕. 난 유리야. 나는 지금 유치원에 가고 있어. (콧노래를 흥얼거리며 길을 걸어간다.) 랄랄라~

유 리 어, 저기 정민이가 보이네. 정민아!!

정 민 (정민이가 뒤를 돌아보고 유리를 보며 인사한다.) 유리야, 안녕!

유 리 정민아, 안녕! 우리 유치원 같이 가자.

정 민 그래. 좋아. 너랑 유치원에 같이 가니까 기분이 정말 좋다.

유 리 나도. 기분이 좋아.

정민이와 유리는 즐거운 마음으로 유치원에 갔어요.

○ 유리와 정민이처럼 유치원에 오기 전 인사를 나눈 경험에 대해 이야기 나눈다.

- 유리와 정민이는 왜 기분이 좋았을까요?
- ○○○반 어린이들은 오늘 아침 유치원에 오면서 누구를 만났나요? 유치원에 와서는 누구를 만났나요?
- 유리와 정민이처럼 반갑게 인사를 나눈 친구가 있나요?
- 친구나 선생님에게 반갑게 인사를 하니 기분이 어땠나요?
  - 기분이 좋아요.
  - 마음이 행복해져요.

○ 바르게 인사하는 방법에 대해 알아보고 연습한다.

- 친구를 만났을 때에는 어떻게 인사해야 할까요?
  - 친구를 바라보고 웃는 얼굴로 인사를 나눈다.
  - 손을 흔들거나 악수를 나누며 인사한다.
  - 친구를 바라보며 "안녕" 하고 말한다.
- 옆 친구의 얼굴을 바라보며 반갑게 인사해 보자.
- 어른들께는 어떻게 인사해야 할까요?

집단형태

대집단활동

활동유형

사회

활동자료

손 인형 2개

TIP 유아들이 평소 인사하는 모습을 관찰한 뒤 이를 반영하여 이야기를 들려준다.

• 어른들과 만나게 되면 언제라도 어른들을 바라보고 웃는 얼굴로 인사한다.
• 길을 걸어가다가 어른을 만났을 때에는 가던 길을 멈추고 서서 인사한다.
• 허리를 굽히고 고개를 숙여서 인사한다.
• "○○○, 안녕하세요." 하고 또박또박 말한다.
• 길을 걸어가다가 만났을 때에는 가던 길을 멈추고 서서 인사한다.

■ 다 같이 일어나서 선생님을 보며 바르게 인사해 봅시다.
• 두 손을 모으고 허리를 굽혀 인사한다.

확장활동

■ 유아들이 유치원에서 뿐만 아니라 일상생활에서 바르게 인사하는 습관을 형성할 수 있도록 부모님께 도움을 요청하는 가정통신문을 가정에 보낸다.

2. 유치원에서의 안전한 생활

의자를 바르게 들기 / 의자를 가져와 모여 앉기 / 의자에 바르게 앉기 / 바르게 손 씻기 / 마당놀이에 안전한 복장 / 신발 바르게 신기 / 마당놀이 기구 소개 I / 마당놀이 기구 소개 II / 자전거 길 따라 걷기 / 자전거 길의 횡단보도 건너기 / 자전거 타기 / 안전하게 미끄럼틀 타기 / 그네 타기 / 수 세기 / 비상벨 듣기 / 안전한 대피 방법 알기 / 교실에서 들리는 소리 찾기 / 차도 만들기 / 사진 찍기 / 공 전달하기와 공 굴리기 II / 오뚝이 공 맞추기 / 알맞은 수 맞히기 / 크기 비교하기 / 금붕어 관찰하기 / 모루도장 찍기 / 점토 자르기 / 상자로 구성하기

활 동 1

의자를 바르게 들기

집단형태

중집단활동(약 10명)

활동유형

이야기나누기

활동자료

유아용 의자

의자 드는 모습 시범 보이기

활동목표

- 의자를 바르게 드는 방법을 안다.

활동방법

○ 유아들이 쌓기 놀이 영역의 카펫에 모여 앉는다. 이때 교사는 의자에 앉는다.

- 지금 ○○○반 어린이들은 어디에 앉았나요?
  - 바닥에 앉아있다.
- 선생님은 어디에 앉았나요?
  - 의자에 앉아계신다.

○ 바르게 의자를 드는 방법에 대해 이야기 나눈다.

- ○○○반 어린이들도 선생님처럼 의자를 가지고 와서 앉을 거예요. 의자는 어디에 있나요?
- 선생님이 의자를 바르게 드는 법을 보여 줄게요.
  - 의자를 들 때에는 (등받이 부분을 가리키며) 한 손으로는 등이 닿는 곳의 끝을 잡고, (앉는 부분을 가리키며) 다른 한 손으로는 앉는 곳의 끝을 잡는다.
- 누가 나와서 선생님이 보여준 것처럼 의자를 들어볼까요?

○ 의자를 들 때 필요한 규칙에 대하여 이야기 나눈다.

- 의자를 들 때 어떤 점을 조심해야 할까요?
  - 의자를 떨어뜨리지 않도록 조심한다.
  - 의자를 들고 빠른 걸음으로 걷거나 뛰지 않는다.
  - 의자를 높이 들지 않는다. 양 손으로 자신의 배 높이까지만 든다.
- 의자를 한 손으로 들거나 높이 들면 어떻게 될까요?
  - 의자를 떨어뜨려서 발을 다칠 수 있다.
  - 친구들과 부딪쳐서 친구들도 다칠 수 있다.

관련활동

- 이야기나누기 '의자를 가져와 모여 앉기' (79쪽 참고)
- 이야기나누기 '의자에 바르게 앉기' (80쪽 참고)

활동 2 의자를 가져와 모여 앉기

활동목표

- 의자를 바르게 들고 이동하는 방법을 안다.

활동방법

○ 의자를 바르게 드는 방법을 회상한다.

- 의자를 바르게 드는 방법을 알고 있나요?
  - 한 손으로는 의자의 앉는 부분의 끝을, 다른 한 손으로는 의자 등받이 부분의 끝을 잡고 두 손으로 든다.

○ 유아들도 의자에 모여 앉을 것임을 이야기한다. TIP 2

- ○○○반 어린이들도 의자를 들고 와서 선생님처럼 앉아 봅시다.

○ 의자를 놓는 위치에 대해 이야기를 한다.

- 모두 일어서서 선생님이 있는 곳까지 나와서 앉으세요.
- 의자는 어디에 내려놓아야 할까요?
  - 쌓기 놀이 카펫에 표시되어 있는 초록색 선에 의자를 놓는다.
  - 초록색 선의 가운데부터 차례대로 의자를 놓는다.
- 누가 쌓기 놀이 카펫에 의자 놓는 모습을 보여 줄 수 있나요?

○ 의자를 들고 와 모여 앉는다.

- 선생님이 이름을 부르는 어린이는 의자를 가지고 와서 쌓기 놀이 카펫으로 오세요.
- 쌓기 놀이 카펫에 있는 초록색 선에 의자를 놓고 앉아보세요.

유의점

- 의자를 가지러 유아들을 보낼 때 한 번에 2~3명씩 시차를 두어 의자를 든 유아들이 서로 부딪치지 않도록 한다.

관련활동

- 이야기나누기 '의자를 바르게 들기' (78쪽 참고)
- 이야기나누기 '의자에 바르게 앉기' (80쪽 참고)

집단형태
중집단활동(약 10명)

활동유형
이야기나누기

활동자료
유아용 의자

활동대형 TIP 1

색 선으로 표시한
의자 놓는 곳의 위치

TIP 1 유아들이 의자를 놓는 위치를 쉽게 알 수 있도록 모이는 장소(예: 쌓기 놀이 영역 카펫 등)에 색 선으로 표시를 한다.

TIP 2 본 활동을 하기 전에는 집단활동시 유아들이 모두 카펫에 앉도록 한다.

의자 가지고 모여 앉기

활동 3

의자에 바르게 앉기

집단형태

중집단활동(약 10명)

활동유형

이야기나누기

활동자료

유아용 의자

활동대형

색 선으로 표시한
의자 놓는 곳의 위치

활동목표

- 의자에 바르게 앉는 습관을 기른다.
- 의자를 바르게 정리하는 방법을 안다.

활동방법

○ 학급의 모든 유아가 모여 앉을 때의 방법에 대해 이야기한다.

- ○○○반 어린이들이 모두 모여 앉을 때에는 어떤 어린이들은 의자에 앉고 어떤 어린이들은 카펫 바닥에 앉게 되어요.
- 바닥에 먼저 앉아 있으면 의자를 가져오는 사람과 부딪쳐 다치게 되어요. 먼저 오는 어린이는 의자를 가지고 와서 앉고 선생님이 바닥에 앉으라고 말하면 그때부터 오는 어린이는 바닥에 앉으세요.

○ 유아들이 의자를 가지고 와서 쌓기 놀이 카펫의 초록색 선에 모여 앉는다.

- 선생님이 이름을 부르는 사람은 의자를 가져와 모여 앉읍시다.

○ 의자에 앉을 때의 바른 태도에 대해 이야기를 한다.

- 의자에 앉을 때에는 어떤 자세로 앉아야 할까요?
  - 엉덩이를 의자 끝까지 밀어 넣고 등을 세워서 바르게 앉는다.
  - 두 발과 두 다리를 모으고 두 손은 무릎 위에 올려놓는다.
  - 의자가 뒤로 넘어가지 않게 의자 장난을 하지 않는다.

○ 의자를 정리하는 법에 대해 이야기를 한다.

- 의자는 어떻게 정리하나요?
  - 의자를 바르게 들고 가 책상 앞에 내려놓고, 책상 안으로 밀어 넣는다.

○ 교사가 2~3명씩 유아의 이름을 불러준다. 호명되는 유아는 의자를 바르게 정리한다.

- 선생님이 이름을 부르는 어린이부터 앉았던 의자를 바르게 정리하세요.

유의점

- 의자를 가지고 오거나 정리하기 위해 유아들을 보낼 때 한 번에 2~3명씩 시차를 두어 의자를 든 유아들이 서로 부딪치지 않도록 한다.

관련활동

- 이야기나누기 '의자를 바르게 들기' (78쪽 참고)
- 이야기나누기 '의자를 가져와 모여 앉기' (79쪽 참고)

활동 4 바르게 손 씻기

활동목표

- 바르게 손을 씻는 방법을 안다.
- 자신의 몸을 청결히 하는 습관을 기른다.

활동방법

○ 손을 씻었던 경험에 대해 이야기를 나눈다.

- 간식을 먹기 전에는 무엇을 해야 할까요?
  - 손을 씻어야 한다.
- 왜 손을 씻나요?
  - 더러운 손을 깨끗이 하기 위해서 손을 씻는다.
- 손이 더러우면 왜 몸이 아프게 될까요?
  - 모든 물건에는 눈에 보이지 않는 세균이 있다.
  - 세균이 옮겨진 손으로 우리의 몸을 만지면 몸 속에 세균이 들어간다.
- 어떻게 하면 손을 깨끗이 씻을 수 있을까요?

○ 손 씻는 방법을 알려주는 사진 또는 동영상 자료를 보며 손을 씻는 방법에 대해 이야기를 나눈다. 유아들이 함께 손 씻는 방법을 따라 해보도록 격려한다.

① 흐르는 따뜻한 물에 손과 손목을 적시고 비누를 충분히 바른다.
② 손바닥과 손바닥을 마주대고 문지른다.
③ 양 손의 손가락을 마주잡고 문지른다.
④ 왼손 손등과 오른손 손바닥을 마주대고 문지른다. 같은 방법으로 손을 바꾸어서 씻는다.
⑤ 왼손 엄지손가락을 오른손 손바닥으로 감싸고 돌리면서 문지른다. 같은 방법으로 손을 바꾸어서 씻는다.
⑥ 손바닥을 마주대고 손깍지를 끼고 문지른다.
⑦ 오른손 손가락을 왼손 손바닥에 놓고 문지르며 손톱 밑을 깨끗이 한다. 같은 방법으로 손을 바꾸어서 씻는다.
⑧ 흐르는 물에 비눗기를 완전히 씻는다.
⑨ 종이 수건으로 물기를 닦는다.

○ 화장실로 가 손을 씻는다.

- 연습한 대로 손을 씻어 봅시다.
- 선생님이 이름을 불러주는 사람부터 손을 씻으러 가세요. TIP

집단형태

대집단활동

활동유형

사회

활동자료

손 씻는 방법을 알려주는 사진이나 동영상 자료

TIP 유아들이 화장실에 손을 씻을 때 개별지도를 한다.

유의점

- 유아들이 손을 씻는 모습을 지속적으로 관찰하고 개별지도를 병행하여 손 씻기를 생활화할 수 있도록 한다.

악 보

손을 씻어요

활동 5 마당 놀이에 안전한 복장

활동목표

- 실외 놀이를 안전하게 하기 위해 적합한 복장을 안다.
- 실외 놀이에 적합한 복장을 갖춘다.

활동방법

○ 마당 놀이를 처음 실시하기 전날, 귀가지도 시간에 유아들과 모여 앉는다.
- 내일은 ○○○반 어린이들과 유치원 마당의 놀이기구를 살펴보고, 마당 놀이도 할 거예요.

○ 안전하게 마당 놀이를 하기에 적합한 복장을 이야기한다.
- 마당 놀이 기구에서 다치지 않고 재미있게 놀려면 편한 옷과 신발이 필요해요.
- 무슨 옷을 입어야 할까요?
  - 바지를 입어야 한다.
- 왜 바지를 입어야 할까요? 왜 치마를 입으면 안 될까요?
  - 치맛자락이 놀이 기구에 걸려 다칠 수 있다.
  - 계단이나 사다리를 오르다가 치맛자락을 밟을 수 있다.
- 무슨 신발을 신어야 할까요?
  - 운동화를 신어야 한다.
- 왜 운동화를 신어야 할까요?
  - 운동화는 운동할 때 신는 신발로서, 평상시에 활동하기 편하다.
  - 구두를 신으면 미끄러질 수 있다.
- 이외에도 조심해야 할 점이 있어요.

○ (사진(그림) 자료를 제시하며) 끈이나 바지가 달린 옷, 끈이 달린 신발의 위험한 점에 대해 이야기한다.
- 끈이 달린 옷은 입은 아이가 어떻게 되었나요?
- 끈을 밟아 넘어지거나 신발 끈이 놀이 기구 사이에 끼어서 다칠 수 있으므로 끈이 없는 신발을 신어야 해요.
- 모자가 달린 옷을 입은 아이가 어떻게 되었나요?
- 놀이 기구에 모자가 걸려 다치거나 친구들이 모자를 잡아당겨 뒤로 넘어질 수 있어요.

○ 내일 안전한 복장으로 등원할 것을 이야기한다. TIP
- 내일 마당에서 놀이를 할 거예요. 편한 바지를 입고, 끈 없는 운동화를 신고 내일 유치원에서 만나요.

집단형태
대집단활동

활동유형
이야기나누기

활동자료
사진(그림) 자료

TIP 실외 놀이에 적합한 복장에 대한 가정통신문을 발송하여 가정의 협조를 구한다.

활동 6

신발 바르게 신기

집단형태

자유선택활동 · 중집단활동(약 10명)

활동유형

실외 영역 · 사회

활동자료

유아 개인 신발, 분반 표시판, 유아들의 표시 그림

신발 신는 방법 소개하기

활동목표

- 신발을 바르게 신는 방법을 안다.
- 혼자서 신발을 신고 벗는 자조능력을 기른다.

활동방법

○ 유아들이 각자 신발을 들고 실외로 나가는 출입문 앞 준비된 자리에 앉는다.

○ 신발을 신는 방법을 이야기한다. 교사가 신발의 종류에 따라 신는 방법을 이야기하면서 시범을 보인다.

- 마당에 나가려면 무엇을 신어야 할까요?
    - 신발, 운동화
- 집에서 바깥에 나갈 때나 유치원에서 마당으로 나갈 때 신발을 신고 벗어요. 혼자서 신발을 신는 방법을 알아볼 거예요.

① 찍찍이, 지퍼, 끈이 없는 신발
- 신발에 발을 넣는다.
- 신발에 발이 잘 들어갈 수 있도록 신발 앞쪽을 바닥에 톡톡 쳐준다.
- 신발 뒷꿈치에 손가락을 넣어 발이 신발 안에 완전히 들어가게 한다.

② 찍찍이가 붙어 있는 신발
- 찍찍이가 붙어 있는 신발의 찍찍이를 뗀다.
- 신발에 발을 넣는다.
- 신발을 바르게 신은 후 찍찍이를 붙인다.

③ 지퍼가 있는 신발
- 한 손으로 신발을 잡고 다른 한 손으로 지퍼를 아래로 내린다.
- 신발에 발을 넣는다.
- 신발을 바르게 신고 지퍼를 위로 올린다.

④ 끈이 있는 신발
- 신발의 묶여 있는 끈을 푼다.
- 신발에 발을 넣는다.
- 신발을 바르게 신은 후 끈을 묶는다. 끈을 묶는 것이 어려운 경우 도움을 요청한다.

○ 유아들이 한 명씩 신발을 신어본다. 신발을 신은 유아는 자리에 앉는다.

○ 신발을 벗어서 손에 들고 각자 장에 가서 정리한다.

- 신발을 벗은 후에는 신발을 가지런히 모아 손에 들어봅시다.
- 신발을 들고 가서 복도에 있는 자기 장에 신발 놓는 칸에 넣어봅시다.

유의점

- 교사는 실외자유선택활동 시간이나 귀가 시간 전 유아들이 신발을 신고 벗는 모습을 지속적으로 관찰한다. 유아의 개인차를 고려하여 유아가 스스로 신발을 신을 수 있도록 개별지도한다.

활동 7

마당 놀이 기구 소개 Ⅰ

집단형태

중집단활동(약 10명)

활동유형

이야기나누기

활동자료

소집단활동 표시판

TIP 활동 전날 만 5세반과 협의하여 교사를 도와줄 만 5세 유아 2~3명을 미리 정한다.

활동목표

- 실외 놀이 기구의 명칭을 안다.
- 실외 놀이 기구의 바른 사용방법을 익힌다.
- 실외 놀이 기구를 안전하게 사용하는 태도를 기른다.

활동방법

○ 마당놀이를 하는 첫날, 유아들과 모여 앉아 활동을 소개한다.

- 바깥에서 모래 놀이도 하고 여러 가지 놀이 기구를 가지고 노는 것을 '마당놀이'라고 해요.
- 마당은 유치원의 모든 어린이들이 함께 노는 곳이기 때문에 마당에서 지켜야 할 약속을 잘 지키면서 조심해서 놀아야 해요.
- 선생님과 함께 유치원 마당에는 무엇이 있는지 살펴보고 지켜야 할 약속에 대해 알아볼 거예요.

○ 마당을 나가기 전 해야 할 일을 소개한다.

- 마당에 나가기 전에 무엇을 해야 하나요?
  - 화장실을 다녀온다.
  - 겉옷을 입고 신발을 신고 밖으로 나온다.

○ 유아들이 마당에 나갈 준비를 한다.

○ 유아들과 마당에 있는 놀이 기구를 돌아보며 명칭과 사용방법, 놀이할 때 지켜야 할 약속에 대해 이야기를 나눈다. TIP

| 만 3세 종합놀이기구 |

- 이곳에서는 어떤 놀이들을 할 수 있나요?
  - 미끄럼 타기, 그물다리 지나가기, 굴 빠져 나가기, 계단 오르내리기 등
- 여러 가지 놀이를 할 수 있는 곳이라서 '종합놀이터'라고 불러요.
- 미끄럼틀을 탈 때에는 지켜야 할 약속이 있어요.
  - 미끄럼틀을 눕거나 엎드려서 타지 않고 앉아서 탄다.
  - 앞사람이 미끄럼틀을 다 타고 일어나서 미끄럼틀을 떠난 뒤에 출발한다. 앞사람은 뒷사람이 내려오도록 빨리 일어나서 미끄럼틀을 떠난다.
  - 여러 사람이 한꺼번에 미끄럼틀을 타고 내려오지 않는다.

- 미끄럼틀을 거꾸로 올라가지 않는다.

■ 그물다리를 건널 때에도 지켜야 할 약속이 있어요.

- 양쪽의 손잡이를 잡고 걸어간다.
- 다른 친구가 그물다리를 건널 때 다리를 흔들지 않는다.

■ 종합놀이기구 위에서 어떤 약속을 지켜야 할까요?

- 다른 놀잇감을 손에 들고 올라가지 않는다.
- 친구들을 밀거나 당기지 않는다.
- 치마를 입거나 구두, 슬리퍼 등 미끄러운 신발을 신은 날에는 종합놀이기구에 올라가지 않는다.

| 네스팅브리지 |

■ 이것은 네스팅브리지라고 해요. 어떻게 사용하는 것일까요?

- 계단으로 올라가고 나무판을 건너서 반대쪽으로 내려온다.

■ 네스팅브리지에서는 어떤 약속을 지켜야 할까요?

- 올라가고 내려올 때 손잡이를 잡는다.
- 나무판을 건널 때 걸어서 건너간다.

유의점

■ 실외자유선택활동 시 유아들의 놀이를 관찰하여 유아들이 위험한 행동을 하는 경우 즉시 개별 지도한다. 학급 유아들이 모두 알아야 할 내용인 경우, 놀이평가 시간에 안전한 놀이방법 및 태도에 대해 지도한다.

■ 두 학급 이상이 함께 실외자유선택활동을 하는 경우 교사들 간 사전 협의를 통해 각 놀이 기구를 지도할 교사를 정해서 모든 유아들이 안전하게 놀이하도록 지도한다.

■ 교사는 매일 아침, 실외 놀이 기구의 안전상태를 점검한다.

관련활동

■ 이야기나누기 '마당 놀이 기구 소개 II' (88쪽 참고)

■ 이야기나누기 '자전거 타기' (93쪽 참고)

활동 8

마당 놀이 기구 소개 Ⅱ

집단형태
중집단활동(약 10명)

활동유형
이야기나누기

활동목표

- 실외 놀이 기구의 명칭을 안다.
- 실외 놀이 기구의 바른 사용방법을 익힌다.
- 실외 놀이 기구를 안전하게 사용하는 태도를 기른다.

활동방법

○ 유아들과 마당에 있는 그네를 돌아보며 사용방법과 놀이할 때 지켜야 할 약속에 대해 이야기를 나눈다.

| 그네 |

- 이것은 '그네' 에요.
- 그네를 탈 때에는 지켜야 할 약속이 있어요.
    - 차례를 지켜 그네를 탄다.
    - 앉아서 두 손으로 줄을 잡고 탄다.
    - 그네를 타고 싶은 사람은 '그네 기다리는 곳' 의자에 차례대로 앉아서 기다린다. TIP 1
    - 그네를 탈 때 차례를 기다리는 친구가 있을 때에는 수를 10까지 셀 동안 타고 내린다.
    - 그네와 부딪칠 수 있으므로 그네 앞, 뒤로 지나다니지 않는다. 그네 주위의 나무 울타리 밖으로 다닌다. TIP 2

그네

TIP 1 유아들이 '기다리는 곳'을 알 수 있도록 표지판을 붙인다.

그네 기다리는 곳

TIP 2 그네의 안전공간 확보를 위해 그네 주위에 성인 허리 정도 높이의 나무 울타리(예: 쥐똥나무 울타리 등)를 두른다.

| 모래놀이터 |

- 이곳에서는 어떤 놀이를 할 수 있을까요?
    - 모래 놀이
- 모래 놀이를 할 수 있는 모래놀이터예요.
- 모래 놀이를 하려면 어떻게 해야 할까요?
    - 놀이할 때 필요한 물건을 바구니에서 꺼내 온다.
- 바구니 안에 무엇이 들어 있나요?

• 삽, 그릇, 양동이, 조리개

- 모래 놀이를 할 때에는 어떤 약속을 지켜야 할까요?
  • 친구에게 모래가 튀지 않도록 조심한다.
  • 다른 사람에게 모래를 뿌리지 않는다.
- 모래 놀이를 다 한 다음에는 어떻게 정리해야 할까요?
  • 자신이 사용한 놀잇감을 바구니에 정리한다.
  • 바구니에 있는 사진을 보고 종류별로 정리한다.

유의점

- 실외자유선택활동 시 유아들의 놀이를 관찰하여 유아들이 위험한 행동을 하는 경우 즉시 개별 지도한다. 학급 유아들이 모두 알아야 할 내용인 경우, 놀이평가 시간에 안전한 놀이방법 및 태도에 대해 지도한다.
- 교사는 매일 아침, 실외 놀이 기구의 안전상태를 점검한다.

관련활동

- 이야기나누기 '마당 놀이 기구 소개 Ⅰ' (86쪽 참고)
- 이야기나누기 '자전거 타기' (93쪽 참고)

활동 9
자전거 길 따라 걷기

집단형태
대집단활동

활동유형
이야기나누기

활동목표

- 자전거 길에서 지켜야 할 약속을 안다.
- 공간을 이동하면서 바른 자세로 몸을 움직인다.

활동방법

○ 유치원의 자전거 길을 소개한다.

- 이곳은 자전거가 지나다니는 '자전거 길' 이에요. 마당에서 다른 놀이를 하는 친구들과 부딪치지 않기 위해 자전거 길에서만 자전거를 탈 수 있어요.
- 자전거 길 바닥에 무엇이 그려져 있나요?
  - 흰 선이 그려져 있다.
- 자전거를 탈 때에는 자전거가 흰 선 밖으로 나가지 않도록 운전해야 해요.

○ 자전거 길을 걸으면서 자전거를 타는 방향에 대해 알아본다.

- 이제 ○○○반 어린이들이 자전거가 되어 한 줄로 자전거 길을 따라 걸을 거예요. 자전거가 되었다고 생각하고 선생님을 따라 천천히 걸어봅시다.
- 자전거 길을 걸을 때 어떤 약속을 지켜야 하나요?
  - 흰 선 사이로 걷는다.
  - 자전거 길을 걸을 때 앞 사람을 밀지 않고 걷는다.
  - 횡단보도 앞에 멈추어 선 후 횡단보도를 건너는 사람이 있는지 확인한다.

○ 자전거 길을 따라 두 바퀴 걷는다.

- 선생님과 함께 '자전거' 노래를 부르며 자전거 길을 걸어봅시다.

관련활동

- 이야기나누기 '자전거 길의 횡단보도 건너기' (90쪽 참고)
- 이야기나누기 '자전거 타기' (93쪽 참고)

악 보

자전거

작사 목일신
작곡 김대현

활동 10

자전거 길의 횡단보도 건너기

집단형태

대집단활동

활동유형

이야기나누기

횡단보도 건너기

활동목표

- 횡단보도의 의미를 안다.
- 횡단보도 규칙을 알고 지킨다.

활동방법

○ 자전거 길에 있는 횡단보도에 대해 이야기를 나눈다.

- 이곳은 무엇이 지나다니는 길인가요?
  - 자전거
- (횡단보도를 가리키며) 이렇게 바닥에 그어진 하얀 선을 본 적이 있나요?
- 어디에서 보았나요?
  - 찻길에서 보았다.
- 이 하얀 선의 이름은 '횡단보도' 에요. 횡단보도는 사람들이 찻길을 건너다닐 수 있도록 표시한 길이에요.
- 자전거 길 가운데에 횡단보도가 왜 있을까요?
  - 자전거 길을 건너고 싶은 사람들이 안전하게 건널 수 있도록 표시해 놓은 것이다.

○ 횡단보도를 건너는 방법에 대해 이야기를 한다.

- 자전거 길을 건너가고 싶으면 어떻게 해야 할까요?
  - 횡단보도를 건너기 전 손을 높이 들어 횡단보도를 건널 것임을 자전거 타는 친구에게 알린다.
  - 횡단보도 앞에 서서 오른쪽과 왼쪽을 살핀다. 자전거가 오지 않거나 멈추어 서면 한 손을 높이 들고 길을 건넌다.
- 횡단보도를 건널 때 또 어떤 규칙을 지켜야 할까요?
  - 횡단보도를 건널 때 뛰지 않고 걸어서 건넌다.
- 자전거를 타는 사람은 횡단보도를 건너려는 사람이 있을 때 어떻게 해야 할까요?
  - 속도를 늦추고 횡단보도 앞에 멈춘다.
  - 횡단보도를 건너는 사람들이 길을 다 건너면 다시 출발한다.

○ 모든 유아들이 규칙을 지키며 횡단보도를 건너본다.

관련활동

- 이야기나누기 '자전거 길 따라 걷기' (99쪽 참고)
- 이야기나누기 '자전거 타기' (101쪽 참고)

활동 11 자전거 타기

활동목표

- 자전거의 바른 사용방법을 안다.
- 안전하게 자전거 타는 방법을 익힌다.

활동방법

○ 자전거의 생김새와 기능에 대해 이야기한다.

- 자전거에는 무엇이 있나요?
  - 손잡이, 페달, 바퀴 등이 있다.
- (손잡이 부분을 잡으며) 손잡이를 두 손으로 꼭 잡고 자전거를 타는 거예요.
- 자전거를 타고 가다가 오른쪽이나 왼쪽으로 방향을 바꿀 때 사용해요.
- 페달은 어떻게 사용하나요?
  - 페달을 발로 밟으면 바퀴가 돌아가면서 자전거가 움직인다.

○ 자전거 타는 방법에 대해 이야기한다.

- 자전거는 어떻게 타는 것일까요?
  - 페달에 발을 올려놓는다.
  - 두 손으로 손잡이를 잡는다.
  - 페달을 발로 밟으면서 자전거를 움직인다.
  - 방향을 바꿀 때에는 손잡이를 돌린다.
  - 멈출 때에는 두 발을 바닥에 내린다. TIP 1

○ 마당놀이시간 자전거를 타는 방법을 이야기한다.

- (자전거가 세워져 있는 사진을 보여주며) ○○○반 어린이들이 탈 수 있는 자전거가 여러 대 있어요. 자전거에 어떤 표시가 붙어 있나요?
  - 자전거마다 다른 색깔 표시가 붙어 있다.
- 이 중에서 ○○○반 어린이들은 노란색 표시가 붙어 있는 자전거를 탈 수 있어요 TIP 2. 자전거를 다 탄 다음에는 자전거가 세워져 있던 주차장으로 가서 내리는 거예요.
- 만약 자전거가 타고 싶은데 친구가 이미 타고 있으면 어떻게 해야 할까요?
  - 노란색 표시 자전거를 기다리는 곳에서 차례대로 앉아서 기다린다.
- 자전거를 타는 사람은 두 바퀴를 돈 후 멈춰서 다음 사람에게 자전거를 양보해 주세요.

집단형태

중집단활동(약 10명)

활동유형

이야기나누기

활동자료

유아용 자전거, 의자

TIP 1 어린 연령의 유아가 타는 자전거에는 브레이크가 없는 경우가 많다. 브레이크가 있는 자전거의 경우 브레이크 잡는 방법을 소개한다.

TIP 2 다른 형태와 크기의 자전거를 여러 대 준비하여 유아들이 흥미와 발달 수준에 따라 자전거를 선택할 수 있도록 한다. 각 자전거에 색깔 표시를 붙이고, 대기하는 공간을 색깔별로 구분하여 유아들이 원하는 자전거 색깔에 해당하는 곳에서 기다릴 수 있도록 한다.

자전거 주차장 및 자전거 대기 장소

자전거 대기 장소

자전거 살펴보기

○ 자전거를 정리하는 방법에 대해 이야기한다.

- 정리하는 시간이 되면 자전거를 어떻게 해야 할까요?
  - 선생님과 함께 자전거 보관 창고에 넣어 둔다.

유의점

- 교사가 자전거 길에서 유아들이 안전하게 자전거를 탈 수 있도록 상시 지도 · 감독한다.

관련활동

- 이야기나누기 '자전거 길 따라 걷기' (90쪽 참고)
- 이야기나누기 '자전거 길의 횡단보도 건너기' (92쪽 참고)

활동 12 안전하게 미끄럼틀 타기

활동목표

- 놀이시설의 안전한 사용법을 안다.
- 유치원에서 안전하게 생활하는 태도를 기른다.

활동방법

○ 동화를 들려준다.

○ 동화 속 이야기와 유사한 자신의 경험에 대하여 이야기 나눈다.

- 미끄럼틀에서 곰돌이나 야옹이처럼 다칠 뻔한 적이 있었나요? 어떤 일이었나요?
  - 친구가 거꾸로 올라와서 친구와 부딪쳤다.
  - 친구가 미끄럼틀에서 장난감을 던졌다.
- 미끄럼틀을 다치지 않고 안전하게 타려면 어떻게 해야 할까요?
  - 바르게 앉아서 탄다.
  - 거꾸로 올라가지 않는다.
  - 장난감을 들고 타지 않는다.
  - 한 사람씩 차례차례 탄다.

동 화

미끄럼틀을 타요

곰돌이, 찍찍이 그리고 야옹이가 ○○○반에서 즐겁게 방안놀이를 하고 있었어요.

곰돌이 찍찍아~ 우리 미끄럼틀 타자.
찍찍이 그래 좋아.
곰돌이 (미끄럼틀이 있는 쪽으로 간다.) 어~ 야옹이가 타려고 하잖아? 내가 먼저 타야지. (미끄럼틀을 거꾸로 올라가면서) ○○○반 어린이들아, 거꾸로 올라가도 괜찮겠지?

곰돌이처럼 거꾸로 올라가도 괜찮을까요? (유아들의 이야기 듣기)

야옹이 어~ 곰돌아. 조심해!

집단형태

대집단활동

활동유형

동화

활동자료

테이블 동화 자료(예: 곰돌이, 찍찍이, 야옹이, 삐약이, 미끄럼틀, 장난감으로 쓸 블록 등), 낮은 책상

(미끄럼틀을 누워서 타고 내려오는 야옹이와 거꾸로 올라가는 곰돌이가 부딪친다)

곰돌이 아이쿠, 머리야.

찍찍이 무슨 일이야?

야옹이 내가 미끄럼틀을 타고 있는데 곰돌이가 거꾸로 와서…….

찍찍이 그래서 부딪쳤어?

곰돌이 (울먹이면서) 응.

찍찍이 다치지는 않았니?

곰돌이 응.

찍찍이 다행이다. ○○○반 어린이들아! 다음부터는 곰돌이가 어떻게 미끄럼틀을 타야할까? (유아들의 이야기 듣기)

찍찍이 그런데 야옹아, 너는 바르게 탔니?

야옹이 누워서 탔는데……. ○○○반 어린이들아, 누워서 타면 안 되니?

찍찍이 ○○○반 어린이들이 야옹이에게 어떻게 타야 하는지 알려줘 (유아들의 이야기 듣기).

(그때 미끄럼틀 위에 삐약이가 장난감을 가지고 올라가 있다. 장난감을 가지고 타다가 그만 손에서 장난감을 놓친다)

찍찍이 (미끄럼틀 바로 아래에 있던 찍찍이가 장난감에 부딪친다.) 아야~ 엉엉…. 아파.

곰돌이 ○○○반 어린이들아, 찍찍이한테 무슨 일이 생겼어? (유아들의 이야기 듣기) 삐약이한테 어떻게 해야 하는지 알려줄래? (유아들의 이야기 듣기)

삐약이 (찍찍이에게 가서) 미안해. 다음부터는 미끄럼틀을 탈 때 장난감을 가지고 오지 않을게.

찍찍이 괜찮아. 그런데 다른 친구들도 다칠 수 있으니까 다음부터 조심해.

곰돌이, 찍찍이, 야옹이, 삐약이 이제 우리 약속을 지키면서 미끄럼틀을 타도록 하자. ○○○반 어린이들도 함께 약속해. '(노래를 부르며) 새끼 손가락 고리 걸어 꼭꼭 약속해'

활동 13 그네 타기

활동목표

- 그네를 안전하게 이용하는 방법을 안다.
- 그네를 탈 때 지켜야 할 규칙이 있음을 알고 지킨다.
- 신체활동을 하며 즐거운 마음을 갖는다.

활동방법

○ 대근육 영역에 설치된 그네를 소개한다.
- ○○○반에 새로운 것이 생겼어요. 무엇인지 찾아보세요.
- ○○○반에서 탈 수 있는 그네가 새로 나왔어요.

○ 그네를 탈 때 지켜야 할 약속에 대해 이야기한다.
- 이 그네는 몇 명이 타는 그네일까요?
  - 2명이 타는 것이다.
- 그네를 탈 때에는 의자에 엉덩이를 붙이고 앉아서 타야 돼요. 바르게 앉아서 타는 모습을 보여 주세요.
- 친구가 그네를 타고 있는데, 그네 뒤로 다니면 어떻게 될까요?
  - 그네와 부딪쳐서 다친다.
- 그네와 부딪치지 않도록 바닥에 줄을 그어 놓았어요. 그네 주위를 다닐 때는 줄 바깥으로 다녀야 해요.
- 그네에서 내리고 싶을 때는 어떻게 해야 할까요?
  - 선생님께 그네를 멈추어 달라고 말씀드린다.
  - 그네가 완전히 멈춘 후 내린다.
- 그네를 타고 싶은 사람이 많을 때는 어떻게 해야 할까요?
  - 줄을 서서 차례차례 탄다.
  - 그네 타는 순서를 기다리는 자리 표시에 순서대로 앉아 기다린다.
- 그네를 타기 위해 기다리는 사람이 많을 때 그네를 타는 사람은 어떻게 해야 할까요?
  - 친구들이 10까지 세는 동안만 그네를 탄 후 다음 사람에게 양보한다.

○ 약속을 지키며 그네를 탄다.

유의점

- 유아들이 그네를 탈 때 그네가 움직이지 않도록 접착력이 강한 셀로판테이프를 이용하여 바닥에 단단히 고정한다.

집단형태

자유선택활동

활동유형

대근육 영역

활동자료

2인용 그네, 영역 표시 선, 기다리는 자리 표시 TIP

실내용 그네

TIP 안전을 위해 그네를 바닥에 고정하고 유아들이 그네에 부딪치지 않도록 그네 주위에 색 선으로 영역 표시를 한다. 선 밖에 기다리는 유아들을 위한 자리 표시를 붙인다.

그네 타기

활 동 **14**

수 세기

집단형태

소집단활동(약 5명)

활동유형

수학

활동자료

그네, 유아들이 기다리는 자리 표시 5개

자리표시가 붙은 대근육 영역

활동목표

- 그네를 탈 때 지켜야 할 규칙을 안다.
- 그네를 탈 때 지켜야 할 규칙을 지키는 태도를 기른다.

활동방법

○ 실내자유선택활동 시간 대근육 영역에서 그네를 타며 놀이하고 싶은 유아들이 함께 모여 앉는다.

- 이곳은 무슨 놀이를 하는 곳인가요?
  - 그네를 타는 곳이다.

○ 그네를 탈 때 지켜야 할 약속을 회상한다.

- 그네를 타고 싶은 사람이 많을 때에는 어떻게 하기로 했나요?
  - 줄을 서서 차례차례 탄다.
- 바닥에 기다리는 표시 위에 앉아 차례를 기다리기로 했어요. 모두 몇 명이 앉아서 기다릴 수 있을까요?

○ 바닥에 붙어 있는 기다리는 표시 위에 한 명씩 올라가면서 모두 함께 수를 세어 본다.

- 그네 타는 순서를 기다리는 표시에 한 명씩 올라가면서 세어 봅시다.
- 하나, 둘, 셋, 넷, 다섯. 모두 몇 명이 기다릴 수 있을까요?
  - 다섯 명이 기다릴 수 있다.

관련활동

- 대근육 영역 '그네 타기' (97쪽 참고)

활동 15 비상벨 듣기

활동목표

- 위험한 상황을 알려주는 신호가 있음을 안다.
- 위험한 상황을 알고 안전하게 대처하는 방법을 안다.

활동방법

○ 유아들에게 매달 실시되는 소방 대피 훈련 때 비상벨이 울릴 것임을 이야기한다.
- 유치원에서는 불이 났을 때 빨리 밖으로 나가는 방법을 매달 연습하고 있어요.
- 보이지 않는 곳에서 불이 났다는 것을 어떻게 알 수 있을까요?
  - 불이 났으니, 빨리 대피하라는 뜻으로 벨소리가 들린다.
- 위험하고 급한 일이 생겼음을 알려주는 벨을 '비상벨' 이라고 해요.
- 유치원 안에 있는 모든 사람들이 소리를 들으려면 비상벨 소리의 크기가 어때야 할까요?
  - 아주 커야 한다.
- 오늘은 '비상벨' 소리를 들어볼 거예요. 비상벨은 아주 큰 소리로 울리니까 놀라지 말고 들어보세요.

○ 비상벨 소리를 듣고 이야기를 나눈다.
- 소리를 들으니까 어떤 느낌이 드나요?
  - 깜짝 놀랐다.

○ 비상벨 소리가 났을 때의 대처법에 대해 이야기를 나눈다.
- 비상벨 소리가 나면 어떻게 해야 할까요?
  - 하던 일을 멈춘다.
  - 선생님을 따라서 빨리 밖으로 나간다.

관련활동

- 이야기나누기 '안전한 대피 방법 알기' (100쪽 참고)

집단형태
대집단활동

활동유형
이야기나누기

활동자료
비상벨 소리가 녹음된 CD, CD플레이어

비상벨 소리 듣기

활동 16

안전한 대피방법 알기

집단형태

대집단활동 · 소집단활동(약 5명)

활동유형

이야기나누기

활동자료

비상벨이 녹음된 CD, CD플레이어

대피 경로 알아보기

활동목표

- 화재 발생 시 안전한 대피 경로를 안다.
- 화재 발생 시 안전하게 대피하는 방법을 실천한다.

활동방법

○ 비상벨이 울렸을 때의 대처법을 회상한다.

- (비상벨 소리를 들려주며) 무슨 소리일까요?
  - 비상벨 소리이다.
- 비상벨 소리는 언제 날까요?
  - 불이 났을 때, 불이 났을 때를 대비하는 연습을 할 때 들을 수 있다.
- 비상벨 소리가 나면 어떻게 해야 하나요?
  - 하던 일을 멈추고, 선생님을 따라서 밖으로 나간다.

○ 유치원에서 불이 났을 때를 대비한 대피 연습을 소개하고 대피 경로를 알아본다.

- 선생님과 유치원에서 불이 났다고 생각하고 밖으로 나가는 연습을 할 거예요.
- ○○○반에서 밖으로 나가는 문은 어디 있나요?
  - 마당으로 나가는 초록색 문
- 마당에 나가면 선생님 앞으로 모이세요.

○ 유치원에 불이 났을 때 대피방법에 대해 이야기를 한다.

- 교실에서 놀고 있는데 비상벨이 울렸어요. 어떻게 해야 할까요?
  - 하던 일이나 놀이를 멈춘다.
  - 실내화를 신은 채 비상문을 통해 밖으로 나간다.
  - 밖으로 나갈 때에는 놀잇감이나 자기 물건을 그대로 두고 나간다.
- 여러 사람이 빨리 나가기 위해 뛰어가면 어떤 일이 일어날까요?
  - 서로 부딪치고 넘어져서 다칠 수 있다.
  - 뛰다가 넘어지면 뒷사람도 넘어지게 되어 큰 사고가 발생하고 대피 시간도 더 오래 걸린다.
- 모두 안전하게 빨리 밖으로 나가려면 어떤 약속을 지켜야 할까요?
  - 먼저 나가기 위해 문 쪽으로 몰리지 않고, 줄을 서서 빠른 걸음으로 나간다.

○ 소집단으로 대피 경로를 따라 대피하는 연습을 한다.

■ 비상벨 소리가 들리면 밖으로 나가는 연습을 해봅시다.
  • 비상벨 소리가 나면 실외출입문으로 나간다.
  • 마당에서 선생님 앞으로 모인다.
  • 모든 유아가 안전하게 대피하였는지 확인한다.

○ 교실로 들어온다.

■ 교실로 들어가는 문 앞에 물에 젖은 깔개를 깔아놓았으니 먼지나 흙이 묻은 실내화를 잘 닦고 들어가세요. TIP

TIP 유아들이 실내화를 신은 채 대피하였다가 바로 교실로 들어오므로 걸레나 면 깔개를 물에 적신 후 꼭 짜서 문 근처에 준비해두었다가 교실로 들어 올 때 실내화를 닦을 수 있도록 한다.

유의점

■ 유아들이 침착한 태도로 대피할 수 있도록 지도한다.
■ 교사가 한 명일 경우 유아들에게 개별적으로 도움을 주기 어려우므로 사전에 학부모 조력자의 도움을 요청한다. 교사가 두 명 이상일 경우 한 명은 제일 앞에서 유아들을 인솔하고, 다른 한 명은 뒤에서 남아 있는 유아들이 없는지 확인하는 등 개별적인 도움을 준다.

관련활동

■ 이야기나누기 '비상벨 듣기' (99쪽 참고)

활동 17

교실에서 들리는 소리 찾기

집단형태

소집단활동(약 5명)

활동유형

소리 탐색

TIP 종이를 찢거나 구길 때 나는 소리를 탐색할 수 있도록 조형 영역에 신문지나 이면지를 준비해 둔다.

활동목표

- 주변의 소리에 관심을 갖는다.
- 다양한 소리를 탐색하며 탐구하는 태도를 갖는다.

활동방법

○ 활동을 소개한다.

- ○○○ 반에는 소리를 낼 수 있는 물건이 아주 많이 있어요.
- (자동차 모형을 보여 주며) 이 자동차에서도 소리가 나게 할 수 있어요.
- (자동차 모형의 바퀴가 굴러가는 소리를 들려주며) 어떤 소리가 나나요?
- ○○○ 반에 소리를 낼 수 있는 물건은 또 무엇이 있을까요?

○ 유아들과 함께 교실 안 곳곳을 다니면서 소리를 낼 수 있는 물건을 찾아본다.

- 모두 자리에서 일어나서 교실에서 소리를 낼 수 있는 물건(예: 블록 바구니에 손을 넣어 휘젓는 소리, 그림책의 책장 넘기는 소리, 역할 놀이 영역의 숟가락으로 그릇을 두드리는 소리, 색연필 두 개를 부딪치는 소리, 종이를 찢거나 구기는 소리 등 **TIP**)을 찾아봅시다.

○ 교사는 유아들이 여러 가지 물건으로 소리 내는 방법을 찾도록 격려하고, 다양한 소리를 탐색할 수 있도록 도움을 준다.

| 예 : 유아가 블록바구니에 손을 넣어 휘젓는 소리를 만든 경우 |

- ○○는 블록 바구니에 손을 넣고 휘저어보았어요.
- 어떤 소리가 나나요?
- 빠르게 저어볼까요? 이번에는 천천히 저어볼까요?

| 유아가 소리를 낼 수 있는 물건을 찾기 어려워할 경우 |

- 조형 책상에 가볼까요?
- 여기 종이가 있어요. 종이에서도 소리가 나게 할 수 있을까요? 어떤 소리를 낼 수 있을까요?

○ 유아들이 충분히 탐색한 후 다시 자유대형으로 모여 앉아 자신이 찾은 소리를 소개한다.

- 친구들에게 내가 어떤 소리를 찾았는지 이야기해 줄 어린이 있나요?
- 친구들에게 들려줄 수 있나요?

활동 18 차도 만들기

활동목표

- 블록의 바른 사용법을 안다.
- 블록을 구성하는 방법을 익힌다.

활동방법

○ 자동차를 가지고 놀고 있는 유아에게 차도 만들기를 제안한다.
- 자동차가 어디로 가고 있나요?
  - 집으로 가고 있다.
  - 동물원으로 가고 있다.
- 집(동물원)으로 가는 길을 만들어 볼까요?

○ 차도를 만들 수 있는 차도블록을 소개한다.
- (교사가 블록을 몇 개 끼우며) 무엇이 되었나요?
  - 길이 되었다.
- 자동차가 다니는 길을 '차도'라고 해요.
- 선생님이 만든 차도 위에 ○○의 자동차를 굴려보세요.

○ 교사와 유아가 함께 차도를 만든다.
- 선생님과 함께 차도를 만들어 봅시다. 블록 두 개를 어떻게 연결할까요?
  - 블록의 튀어 나온 부분을 다른 블록의 들어간 쪽에 맞춘다.
- 차도를 길게 만들려면 어떻게 해야 할까요?
  - 블록을 더 많이 끼운다.

○ 교사와 함께 블록을 끼워 차도를 만든다.
- (차도 양쪽에 반원 모양의 블록을 끼운 후) 어떻게 되었나요?
  - 길이 연결되었다.
- 차도 위에 자동차를 굴려보세요.
- (사거리 모양으로 블록을 끼운 후) 어떤 모양이 되었나요?
- 차도 위에 자동차를 굴려보세요. 네개의 길 중 어디로 가고 싶은가요? 더 연결하고 싶은 곳이 있나요?
- 다른 모양의 길을 만들어 봅시다.

○ 놀이를 정리하는 방법에 대해 이야기한다.
- 놀이를 그만하고 싶을 때는 어떻게 해야 할까요?
  - 놀이를 했던 블록을 빼서 블록 바구니에 담는다.

집단형태

자유선택활동

활동유형

쌓기 놀이 영역

활동자료

차도블록, 모형 자동차

순환형 차도

사거리 모양 차도

차도 만들기

활동 19

사진 찍기

집단형태

자유선택활동

활동유형

역할 놀이 영역

활동자료

모형 사진기

사진 찍기

활동목표

- 사진기의 사용법을 안다.
- 역할 놀이 영역에서의 놀이방법을 안다.
- 친구들과 함께 놀이하는 태도를 기른다.

활동방법

○ 역할 놀이 영역에 있는 사진기의 사용방법에 대해 이야기를 나눈다.

- 사진기로 무엇을 할 수 있을까요?
  - 사진을 찍는다.
- 눈으로 보는 부분은 어디일까요?
- 사진기의 어느 부분을 눌러야 사진이 찍힐까요?

○ 유아들과 사진 찍기 놀이를 한다.

- 사진기로 누구의 사진을 찍을까요?
  - 선생님, 친구들의 사진을 찍을 수 있다.
- 어떤 모습을 사진으로 찍고 싶나요?
  - 재미있게 놀이하고 있는 친구들의 모습이나 친구의 얼굴을 찍고싶다.
- 친구의 사진을 찍고 싶을 때에는 어떻게 해야 할까요?
  - 친구에게 사진을 찍어도 되는지 물어본다.
- 어떤 표정으로 사진을 찍을까요?
  - 사진기를 바라보고 멋진 표정을 짓는다.

활동 20 공 전달하기와 공 굴리기 Ⅱ

활동목표

- 공의 구르는 특성을 안다.
- 공을 사용하여 눈과 손의 협응력을 기른다.

활동방법

○ 원대형으로 모여 앉는다. TIP 1

| 공 전달하기 |

○ 공 전달하기 활동방법을 소개한다.
- 지난번에 했던 것처럼 옆 친구에게 공을 전해줄 거예요.
- 공을 옆으로 전하다가 (신호악기 소리를 들려주며) 소리가 나면 멈추세요.
- 손에 공이 있는 사람은 머리 위로 공을 들어주세요.

○ 공 한 개를 옆으로 전달하다가 신호악기 소리가 나면 그 자리에 멈추고 누가 공을 가지고 있는지 알아본다.

○ 유아들이 전달하는 방법에 익숙해지면 공의 개수를 두 개로 늘린다. TIP 3

| 공 굴리기 |

○ 다리를 벌려 옆에 앉아 있는 유아의 다리와 서로 맞닿도록 한다.

○ 공 굴리기 활동방법을 소개한다.
- 공 한 개를 바닥에 굴려서 친구에게 전해주세요.
- 공을 받은 유아는 다시 친구에게 공을 굴려서 주세요.

○ 교사가 먼저 한 명의 유아에게 공을 굴려준다. 공을 받은 유아는 다시 공을 굴려 다른 유아에게 준다. TIP 4

공 굴리기

집단형태

소집단(약 5명)

활동유형

신체(체육)

활동자료

공 2개 TIP 1, 바닥에 앉는 자리 표시용 그림 TIP 2

TIP 1 공은 유아들이 손으로 잡기에 적당한 크기로 준비한다. 지름 20~25cm 정도의 가벼운 공을 사용하면 좋다.

TIP 2 유아들이 원 대형으로 모여 앉을 수 있도록 바닥에 그림 표시를 붙인다.

TIP 3 공 2개가 한 방향으로 연달아 가지 않도록 서로 반대방향으로 공을 전달한다.

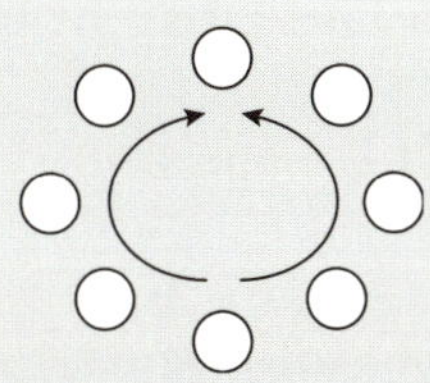

TIP 4 공을 굴릴 때 교사는 공을 받은 유아가 누구인지 알 수 있도록 유아의 이름을 불러준다.

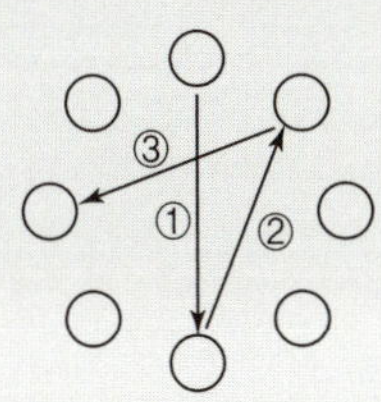

관련활동

- 신체 '공 전달하기와 공 굴리기 Ⅰ' (105쪽 참고)
- 신체 '오뚝이 공 맞추기' (107쪽 참고)

활동 21

오뚝이 공 맞추기

활동목표

- 공의 구르는 특성을 안다.
- 공을 사용하여 눈과 손의 협응력을 기른다.
- 친구들과 함께 신체 활동에 참여하며 즐거운 마음을 갖는다.

활동방법

○ 그림 표시 위에 원대형으로 모여 앉는다.

○ 공을 탐색한다.

- (공을 보여 주며) 이것은 무엇일까요?
- 공을 바닥에 굴려주세요. 굴러온 공을 잡은 사람은 다른 친구에게 다시 공을 굴려주세요.
  - 교사가 먼저 공을 굴리는 시범을 보인 후 유아들이 굴린다.

○ 오뚝이에 대한 수수께끼를 내어 명칭과 특징을 알아본다.

- 내가 누구인지 알아맞혀 보세요.

  나는 넘어지면 일어나고 또 넘어져도 일어납니다.
  나는 일어날 때마다 딸랑거리는 소리가 납니다.
  내 이름은 '오' 자로 시작하고 세 글자입니다.
  나는 누구일까요?

○ 게임방법을 설명한 후 교사가 시범을 보인다.

- 우리가 앉은 동그라미 가운데에 오뚝이를 놓을 거예요.
- 그리고 바닥에 공을 굴려서 안에 있는 오뚝이를 맞춰보세요.
- 선생님이 어떻게 하는지 보여 줄게요.

○ 게임을 한다. TIP 3

- ○○부터공을 굴려서 오뚝이를 쓰러뜨려 보세요.
- 친구가 오뚝이를 쓰러뜨리면 잘했다고 박수를 쳐주세요.
- 공이 자기 앞으로 오면 공을 잡고 다시 굴려서 오뚝이를 맞히면 돼요.

확장활동

- 게임 활동 후에 실내자유선택활동 시간에 원하는 유아들이 해볼 수 있게 한다.

집단형태

소집단활동(약 5명)

활동유형

신체(게임)

활동자료

오뚝이, 공 TIP 1, 바닥에 앉는 자리 표시용 그림

활동대형 TIP 2

'오뚜기 공 맞추기' 게임 대형

TIP 1 공은 유아들이 손으로 잡기에 적당한 크기로 준비한다. 지름 20~25cm 정도의 가벼운 공을 사용하면 좋다.

TIP 2 바닥에 그림 표시를 붙여 유아들이 원대형으로 앉는 것을 돕는다. 공과 오뚝이의 크기가 너무 작거나 오뚝이와 유아간 거리가 멀 경우 유아들이 오뚝이를 맞추기 어려우므로 유아들이 성취감을 느낄 수 있도록 원의 지름은 1m 내외로 하는 것이 좋다.

TIP 3 오뚝이가 원 밖으로 나가면 다시 제자리에 놓고 게임을 진행한다. 교사도 게임의 일원으로 참여하여 모든 유아들이 골고루 공을 굴릴 수 있도록 한다.

유아들이 게임에 익숙해지면 난이도를 높여 원대형의 지름을 넓히거나 공이나 오뚝이의 크기를 작은 것으로 제공한다.

관련활동

- 신체 '공 전달하기와 공 굴리기 I' (71쪽 참고)
- 신체 '공 전달하기와 공 굴리기 II' (105쪽 참고)

활동 22 알맞은 수 맞히기

활동목표

- 5 이하의 수를 센다.
- 일대일 대응하는 기술을 익힌다.
- 그림 조각을 알맞은 곳에 붙이며 소근육을 조절한다.

활동방법

○ 배경판을 살펴본다.

- 어린이들이 무엇을 하고 있나요?
  - 놀이기구를 타고 있다.
  - 풍선을 들고 있다.
- 어린이들이 타고 있는 놀이기구에는 딸기가 담겨 있어요.
- ('1' 이 적힌 놀이기구를 보며) 이 여자어린이가 타고 있는 놀이기구에는 딸기가 몇 개 담겨 있나요?
  - 한 개가 담겨져 있다.
- 그래서 이 어린이는 '1' 이 적힌 풍선을 가지고 있어요.
- 그런데 아직 풍선을 들고 있지 않거나, 딸기를 몇 개 담아야 될지 모르는 어린이들도 있어요.

○ 알맞은 그림 조각을 붙인다.

- 딸기가 두 개 담긴 놀이기구를 탄 남자어린이는 어떤 풍선을 들고 있어야 할까요?
  - '2' 라고 적힌 풍선을 들고 있어야 한다.
- 풍선에 '2' 를 붙여보세요.
- '4' 가 적힌 풍선을 들고 있는 어린이에게는 딸기를 몇 개 주어야 할까요?
  - 4개를 줘야한다.
- 딸기 네 개를 붙여 보세요.

○ 위와 같은 방법으로 다른 그림 조각도 붙인다.

○ 놀이를 마치고 나서 교구를 분류 · 정리한 뒤 교구장에 가져다 놓는다.

- 다른 친구들이 할 수 있도록 그림 조각을 떼서 그릇에 담으세요.
- 제자리에 가져다 둡시다.

집단형태

자유선택활동

활동유형

수학 · 조작 영역

활동자료

배경판, 숫자 그림 자료, 딸기 그림 자료, 작은 접시

'알맞은 수 맞히기' 활동자료

활동 23

크기 비교하기

집단형태

자유선택활동

활동유형

수학 · 조작 영역

활동자료

같은 종류지만 크기가 다른 놀잇감 3쌍(예: 블록, 숟가락, 음식 모형 등), 작은 접시, 큰 접시

'크기 비교하기' 활동자료

활동목표

- 물체의 크기를 비교한다.
- 크기를 비교하는 용어를 안다.

활동방법

○ 접시의 크기를 비교한다.

- 접시의 크기가 어떤가요? 어떤 접시가 더 큰가요? 어떤 접시가 더 작은가요?

○ 놀잇감의 크기를 살펴본다.

- 여기 어떤 것들이 있나요?
- (집 모형 중 하나를 보여 주며) 여기 집이 있어요. 이 집보다 작은 집을 찾아보세요.

○ 크기를 비교하여 접시에 담는다.

- 큰 집은 어떤 접시에 넣을까요?
  - 큰 접시에 넣는다.
- 작은 집은 어떤 접시에 넣을까요?
  - 작은 접시에 넣는다.

○ 위와 같은 방법으로 다른 놀잇감들도 분류하여 놓는다.

○ 놀이를 마치고 나서 교구를 분류 · 정리한 뒤 교구장에 가져다 놓는다.

- 다른 친구들이 할 수 있도록 놀잇감들을 원래 자리에 정리해 주세요.

활동 24 금붕어 관찰하기

활동목표

- 금붕어의 생김새와 생활습성을 안다.
- 금붕어를 기르는 방법을 안다.
- 금붕어를 돌보는 태도를 기른다.

활동방법

○ 유아들과 확대경으로 금붕어를 관찰하면서 금붕어의 생김새 및 생활 습성에 대해 이야기를 나눈다. TIP 1
- 어항 안에 무엇이 있나요?
- 어항 속에 있는 금붕어는 무슨 색깔인가요?
- 금붕어의 눈은 어떻게 생겼나요? 확대경으로 관찰해 봅시다.
- 금붕어가 헤엄치는 모습을 보세요. 헤엄칠 때 무엇을 움직이나요?
  - 지느러미, 꼬리를 움직인다.
- 금붕어는 무엇을 먹나요?
  - 금붕어 사료를 먹는다.

○ 금붕어 사료를 주며 금붕어가 먹이 먹는 모습을 관찰한다.
- 금붕어가 먹이를 먹는 모습을 살펴봅시다.
- 금붕어의 입이 어떻게 움직이나요?

○ 금붕어를 기를 때 주의할 점에 대해 이야기를 나눈다.
- 금붕어는 사료가 아닌 것을 먹으면 병에 걸릴 수 있어요.(금붕어 사료 통을 보여 주며) 금붕어 사료만 먹이로 줘야해요.
- 금붕어는 기억을 잘하지 못하기 때문에 먹이를 먹고 나서 배가 불러도 먹이가 보이면 또 먹는다고 해요. 선생님이 매일 아침 접시에 금붕어가 하루 동안 먹을 수 있는 양의 먹이를 담아놓을 거예요. 먹이를 주고 싶은 사람은 접시에 담긴 먹이를 주도록 하세요. TIP 2
- (기포 발생기를 보여 주며) 이것은 금붕어가 물속에서 숨을 쉴 수 있게 해주는 기계예요. 만지지 말고 눈으로만 보세요.

집단형태

자유선택활동 · 소집단활동(약 5명)

활동유형

과학 영역

활동자료

금붕어, 여과기, 히터, 온도계, 자갈, 금붕어 사료, 사료접시, 어항, 확대경, 22~26℃ 사이의 물이 담긴 어항

TIP 1 금붕어의 생활습성을 보여 주는 사진 등을 벽면에 게시하고 관련 책자를 비치한다.

금붕어 관찰하기

TIP 2 유아들이 금붕어 사료를 너무 많이 주지 않도록 한 번에 줄 수 있는 양만큼 접시에 덜어 놓는다.

활동 25 모루 도장 찍기

집단형태

자유선택활동

활동유형

조형 영역

활동자료

물감(2색), 물감 접시 TIP 1, 부직포, 기본 도형(동그라미, 세모, 네모) 모루 도장 TIP 2, 도화지, 건조대, 작업복, 물뿌리개, 이름 스티커

TIP 1 물감 접시 위에 색 부직포를 붙인다. 접시에 붙인 부직포에 물감을 붓고 물뿌리개로 물의 양을 조절하여 적당한 농도로 맞추어 놓는다. 물감의 농도가 너무 뻑뻑하거나 물기가 많으면 도장의 모양이 잘 나타나지 않는다.

TIP 2 유아들이 모루 도장을 다른 색깔의 접시에 두면 물감의 색이 섞일 수 있으므로, 모루 도장의 윗부분에 색종이나 색테이프로 도장의 색을 표시하여 쉽게 정리할 수 있도록 한다.

TIP 3 모루 도장은 유아의 관심, 흥미, 생활주제에 따라 다양한 모양으로 바꾸어 제공한다. 유아들의 생일 축하를 위한 생일 그림을 그릴 때 모루 도장을 사용할 수 있다.

활동목표

- 기본 도형의 형태와 이름을 안다.
- 도구를 활용하며 손의 힘을 조절한다.

활동방법

○ 작업복을 입는다.

○ 종이를 가져와서 책상에 앉는다.

○ 다양한 모루 도장의 모양을 탐색한다.

- 어떤 모양의 모루 도장이 있나요?

○ 모루 도장을 선택하여 종이에 찍는다.

○ 도화지에 찍힌 모루 도장의 모양을 탐색한다. TIP 3

- 동그라미 두 개를 나란히 찍으니 어떤 모양이 되었나요?
- 세모 모양을 여러 개 찍었네요? 무엇처럼 보이나요?

○ 유아의 이야기를 받아 적는다.

- 어떤 이야기가 담겨 있나요?

'모루 도장 찍기' 활동 자료

모루 도장의 밑면

모루 도장 찍기

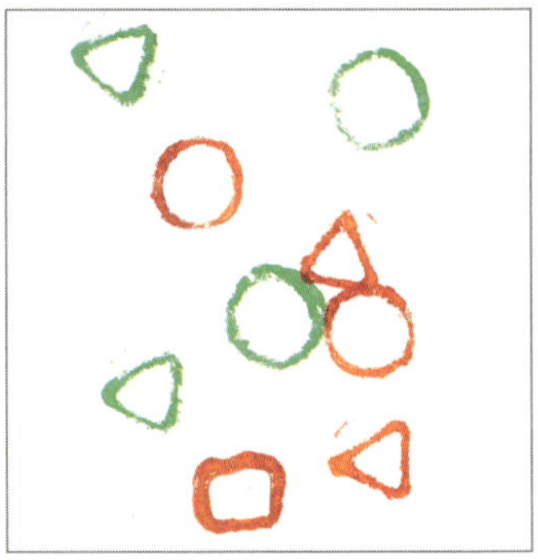
'모루 도장 찍기' 완성 작품

○ 이름스티커를 붙인다.

○ 건조대에 올려 놓는다.

- 물감이 잘 마르도록 건조대에 올려 두세요.

○ 정리를 한다.

- 작업복을 제자리에 걸어 두세요.
- 손을 씻고 오세요.

확장활동

- 도장 찍은 작품이 마른 뒤 색연필, 크레파스 등으로 덧그림을 그린다.
- 가로로 길게 자른 색지에 모루 도장을 찍어 띠벽지를 만든 후 교실 벽면에 전시한다.

활동

26 점토 자르기

집단형태

자유선택활동

활동유형

조형 영역

활동자료

밀가루 점토 TIP 1, 점토판, 점토 가위 TIP 2

TIP 1 학기 초 만 3세 유아들은 점토를 길게 만드는 것을 어려워할 수 있으므로 교사가 미리 길게 만들어 두되 스스로 하기를 원하는 유아들을 위해 밀지 않은 점토도 함께 준비해둔다. 점토의 두께는 유아들이 가위를 사용하여 쉽게 자를 수 있는 정도로 한다.

점토 자르기

TIP 2 안전사고를 방지하기 위하여 유아들이 점토를 자를 때 사용하는 가위는 점토용 가위나 날이 무딘 가위로 준비한다.

활동목표

- 가위의 올바른 사용법을 안다.
- 가위질을 하며 손의 힘을 조절한다.

활동방법

○ 점토판 위에서 점토를 손바닥으로 밀어 길게 만든다.

○ 점토 가위를 사용하여 점토를 자른다.

- 첫 번째 구멍에 엄지를 넣고, 두 번째 구멍에 검지와 중지를 넣어 가위를 잡아보세요.
- 길게 만든 점토를 손으로 잡고 가위로 잘라보세요.
- 가위를 사용할 때에는 어떤 점을 주의해야 할까요?
  - 가위를 휘두르거나 가위를 갖고 장난치지 않는다.
  - 가위질을 할 때 자를 부분 가까이에 손을 대지 않는다.
  - 가위를 사용하지 않을 때에는 가위를 오므려 책상 위에 올려놓는다.
- 점토를 자르니 느낌이 어떤가요?
- 길게 잘라보세요. 짧게 잘라보세요.

확장활동

- 유아들이 본 활동에 익숙해진 후 교사는 빨대, 종이 등 힘을 더 주어야 자를 수 있는 다양한 재료들을 제공한다. 이를 통해 유아들이 손의 힘을 기르고 가위질을 익숙하게 할 수 있도록 한다.

관련활동

- 조형 영역 '밀가루 점토' (44쪽 참고)

활동 27 상자로 구성하기

활동목표

- 조형도구의 올바른 사용법을 안다.
- 입체물을 구성하며 공간인식능력을 기른다.
- 다양한 도구와 재료를 사용하며 소근육을 적절히 조절한다.

활동방법

○ 원하는 모양과 크기의 상자를 선택한다.

- 원하는 모양과 크기의 상자를 골라보세요.
- 상자를 몇 개 사용하고 싶나요?

○ 상자에 각종 뚜껑이나 꾸미기 재료를 붙여 꾸민다.

- 여러 가지 뚜껑을 붙여 상자를 꾸며봅시다. 무엇으로 뚜껑을 붙일 수 있을까요?
  - 무독성 접착제, 셀로판테이프 등을 이용한다.
- 접착제를 사용하려면 먼저 접착제의 뚜껑을 열어야 해요. 그리고 접착제를 꾹 눌러서 접착제 받침에 짜세요.
- 뚜껑에 접착제가 많이 묻으면 상자에 잘 붙지 않을 수 있어요. (다 쓴 펜대를 보여주며) 이렇게 펜대로 접착제를 찍어서 뚜껑에 골고루 묻혀주세요.
- 상자의 어느 부분에 뚜껑을 붙여볼까요?
- 뚜껑 외에 또 어떤 것을 붙여 꾸며볼까요?

○ 유성매직, 네임펜 등 그리기 도구를 이용하여 상자를 꾸민다.

- 상자의 윗부분(옆부분, 아랫부분)에 그림을 그려볼까요?
- 매직(네임펜)을 사용해서 그림을 그릴 수 있어요. 펜을 다 사용한 사람은 뚜껑을 꼭 잘 닫아주세요.

○ 만든 유아의 이름과 만든 날짜, 만든 작품의 이름을 견출지에 써서 붙인다.

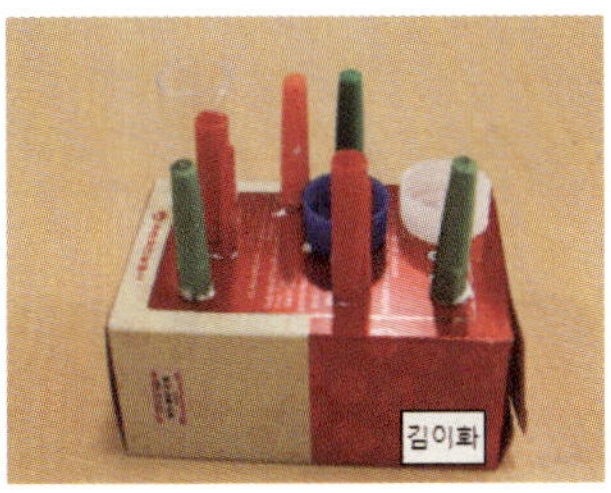

'상자로 구성하기' 완성 작품

집단형태

자유선택활동

활동유형

조형 영역

활동자료

여러 가지 크기의 상자, 각종 뚜껑(예: 사인펜, 네임펜, 필름 뚜껑 등), 다양한 꾸미기 재료(예: 색공, 색모루, 수수깡 자른 것, 빨대 자른 것 등), 셀로판테이프, 무독성 접착제, 접착제 받침(32절 크기 코팅 파지), 나무젓가락이나 다 쓴 펜대 TIP, 그리기 도구(예: 유성매직, 네임펜 등), 견출지

TIP 다 쓴 사인펜, 네임펜, 색연필의 펜대를 모아두었다가 접착제 사용 시 접착제를 찍어 쓰는 도구로 활용한다.

상자로 구성하기

부록

1. 주간교육계획안

만 3세 ○○○ 반 주간교육계획안 20 ○○학년도 ○월 ○주	생활주제	즐거운 유치원	주 제	유치원에서의 즐거운 생활 유치원에서의 안전한 생활
목 표	나는 ○○○ 반의 어린이임을 안다. / 친구들과 사이좋게 지낸다. 유치원에서 지켜야 할 규칙이 있음을 안다. / 유치원의 시설 및 교구의 바른 사용법을 안다. / 유치원의 시설 및 교구를 안전하고 바르게 사용한다.			

활동	요일/날짜	월(○일)	화(○일)	수(○일)	목(○일)	금(○일)	평가
자유선택활동	쌓기 놀이 영역		• 모형 자동차로 놀이하기 • 스펀지 블록으로 구성물 만들기 • 코코블록으로 기차 만들기 →				
	역할 놀이 영역		• 엄마, 아빠 되어보기 • 음식 만들기 →				
	언어 영역		• '즐거운 유치원' 생활주제 관련 그림책 보기 →				
	수학 · 조작 영역		• '즐거운 유치원' 생활주제 관련 조작교구 · 퍼즐하기 (끈에 구슬 끼우기, 오뚜기 퍼즐 맞추기, 여러 가지 도형 찾기) →				
	과학 영역		• 금붕어 관찰하기 • 요술경 탐색하기 • 확대경으로 물건 관찰하기 →				
	조형 영역		• 밀가루 점토 →		• 크레파스 그림 그리기 →		
	음률 영역		• 악기 소개 • 악기 연주하기(마라카스, 실로폰, 캐스터네츠, 작은 북 등) →				
	실외 영역						
대 · 소집단활동	이야기나누기		• 친구들과 인사 나누기 I • 간식	• 의자를 바르게 들기 • 의자를 가져와 모여 앉기	• 친구들과 인사 나누기 II	• 의자에 바르게 앉기	
	동화 · 동극 · 동시			• 아기오리의 유치원 가는 날(테이블)	• 영희와 장난감(그림)	• 화장실에 가고 싶어요(테이블)	
	음 악		• 반갑다	• 개나리, 작은 별	• 반갑다, 나비야	• 손을 씻어요(새노래)	
	율 동						
	체 육						
	게 임						
	수 학		• 친구들 수 세기				
	과 학					• 물고기 돌보는 방법	
	사 회		• 친구들과 인사하기(분반)		• 친구들과 인사하기(전체)	• 올바른 손 씻기 방법	
	바깥 놀이						
	간 식		• 찰보리빵 1, 우유	• 옥수수빵 1, 우유	• 유기농시리얼, 우유	• 사과 1, 배 1, 치즈 1	
	전이 · 주의집중		• 봄나들이, 작은 별 부르기	• 악기 소리에 맞춰 손뼉 치기	• 엄지 어디 있소 (손유희)	• 표시 그림 자리 바꾸기	
	귀가지도		• 귀가지도 방법 이야기하기 • 가정통신문 나누어주기	• 선생님, 친구들과 인사하기	• 귀가 문 앞에서 바르게 줄서서 기다리기	• 주말 잘 지내기	
비 고			※ 20○○학년도 1학기 개학일 ※ 분반단축수업(1반-9:00~10:30 / 2반-11:00~12:30)	※ 분반단축수업(1반-9:00~10:30 / 2반-11:00~12:30)	※ 합반단축수업(9:00~11:00)	※ 합반단축수업(9:00~11:00)	
총 평							

만 3세 ○○○ 반 주간교육계획안 20○○학년도 ○ 월 ○ 주	생활주제	즐거운 유치원	주 제	유치원에서의 즐거운 생활 유치원에서의 안전한 생활
목 표	친구들과 사이좋게 지낸다. / 유치원의 활동에 관심을 갖고 즐겁게 참여한다. 유치원에서 지켜야 할 규칙이 있음을 안다. / 유치원의 시설 및 교구의 바른 사용법을 안다. / 유치원의 시설 및 교구를 안전하고 바르게 사용한다. / 유치원에서 안전하게 생활하는 태도를 갖는다.			

활동	요일/날짜	월 (○일)	화 (○일)	수 (○일)	목 (○일)	금 (○일)	평 가
자유선택활동	쌓기 놀이 영역	• 블록 높이 쌓기 • 차도 만들기 • 큰 자동차, 기차 타기 →				집단 면담일 (원아수업 없음)	
	역할 놀이 영역	• 음식 만들기 • 사진 찍기 →					
	언어 영역	• '즐거운 유치원' 생활주제 관련 그림책 보기 →					
	수학 · 조작 영역	• '즐거운 유치원' 생활주제 관련 조작교구 • 퍼즐하기 (알맞은 곳에 물건 정리하기, 알맞은 수대로 놓기) →					
	과학 영역	• 금붕어 관찰하기/ 돌보기 • 요술경 탐색하기 • 확대경으로 물건 관찰하기 →					
	조형 영역	• 사탕 모빌 만들기 →		• 점토 자르기 →			
	음률 영역	• 악기 소리 탐색하기 • 악기 연주하기 (마라카스, 실로폰, 캐스터네츠, 작은 북 등) →					
	실외 영역	• 마당 : 만 3세용 놀이터에서 놀이하기 및 그네타기 →					
대 · 소집단활동	이야기나누기	• 비상벨 듣기	• 안전한 대피방법 알기	• 마당놀이기구 소개 I (중집단)	• 마당놀이 기구 소개 II(중집단)		
	동화 · 동극 · 동시			• 친구와 사이좋게 지내기(테이블)			
	음악	• 유치원에 갑니다(새노래)		• 손을 씻어요, 작은 별	• 졸려 졸려(새노래)		
	율동	• 그림 표시 위에 서기(중집단)					
	체육		• 공 전달하기와 공 굴리기 I (중집단)				
	게임						
	수학				• 그네 기다릴 때 10까지 세기		
	과학						
	사회	• 바르게 인사하기					
	바깥 놀이			• 마당 한 바퀴 돌며 유치원 놀이시설 돌아보기			
	간식	• 잣죽, 딸기 2	• 떡볶이 4, 보리차	• 크림수프, 모닝빵 1	• 단호박찜 1, 우유		
	전이 · 주의집중	• 하나하고 하나하면(손유희)	• 자기표시 자리 바꾸기	• 배운 노래 부르기	• 손뼉치자(손유희)		
	귀가지도	• 하루 일과 평가하기 - 줄서기 연습하기	• 하루 일과 평가하기 - 간식 먹기 평가하기	• 하루 일과 평가하기 - 친구와 장난감 나누어 갖기	• 내일은 유치원에 오지 않음. 부모님만 오시는 날임		
비 고		※ 정상수업 시작(9:00~12:00)	※ 제1차 소방안전교육			※ 집단면담일 (10:00~12:00)	
총 평							

2. 일일교육계획안

담임	원감	원장

학 급 명	○○○ 반 (만 3세)	날 짜	20○○년 ○ 월 ○○일 수요일	수업일수	○/○○○ 일
생활주제	즐거운 유치원	주 제	유치원에서의 즐거운 생활 유치원에서의 안전한 생활	소주제	○○○ 반 선생님과 친구들 알기 친구들과 즐겁고 사이좋게 지내기 실외 시설 사용법 알기
목 표	친구들과 즐겁고 사이좋게 지낸다. / 유치원활동에 관심을 갖고 즐겁게 참여한다. / 실외 놀이시설의 사용 방법을 알고, 안전하게 놀이한다.				
일일 시간표	9:00 ~ 등원 및 실내자유선택활동 9:20 ~ 이야기나누기 '마당놀이기구 소개 I '(중집단) 9:40 ~ 실외자유선택활동 10:05 ~ 정리정돈 10:20 ~ 간식 '크림스프, 모닝빵 1' 10:40 ~ 실내자유선택활동 11:30 ~ 정리정돈 11:40 ~ 동화 '친구와 사이좋게 지내기' (테이블) 11:50 ~ 귀가지도				

시간 / 활동명	활 동 목 표	활 동 내 용	준비물 및 유의점	평 가
9:00 ~ 등원 및 실내 자유선택활동	• ○○○반 선생님, 친구들과 인사를 나눈다.	• 등원 및 인사나누기 - 이름표 달아주기 - 출석 표시판에 표시하기	• 이름표(배꽃 모양) *이름표는 유아들이 원내에서만 착용하도록 한다.	
	• 가위질을 통하여 소근육 발달을 증진한다. • 블록의 여러 가지 모양에 관심을 가진다.	• 실내자유선택활동 하기 [조형] 점토 자르기 - 가위 사용법 알기 - 점토 가위로 점토 자르기 [쌓기] 차도 만들기 - 여러 가지 모양의 블록 관찰하기 - 블록을 끼워 다양한 모양의 차도 만들기	• 조형 : 밀가루 점토, 점토판, 밀대, 점토 가위 • 쌓기: 차도블록	

시간 / 활동명	활 동 목 표	활 동 내 용	준비물 및 유의점	평 가
9:00 ~ 등원 및 실내 자유선택활동	• 놀이 속에서 자신의 역할을 이해하고 역할에 맞게 놀이한다.	[역할] 엄마, 아빠 되어보기 - 엄마, 아빠 역할 정하기 - 엄마, 아빠의 역할에 따라 놀이하기	• 역할 : 역할 놀이 의상, 역할 놀이 소품(가방, 액세서리 등), 주방용품 등	
	• 책 보는 것을 즐기고 책을 소중히 여긴다.	[언어] '즐거운 유치원' 생활주제 관련 그림책 보기 -《유치원이 좋아요》,《제자리에》 그림책 보기		
	• 정리정돈하는 방법을 안다.	[수학 · 조작] 그림자 보고 물건 정리하기 - 그림 조각과 배경판 살펴보기 - 그림자 보고 그림 조각 맞추기	• 수학 · 조작 : 배경판, 정리할 물건(의자, 책, 신발, 우산 등), 그림 조각	
	• 금붕어의 생김새 및 특징에 대하여 안다.	[과학] 금붕어 관찰하기 / 돌보기 - 금붕어에게 먹이 주기 - 금붕어의 먹이 먹는 모습 관찰하기	• 과학 : 어항, 금붕어, 확대경	
	• 여러 가지 악기를 탐색하고, 즐겁게 연주한다.	[음률] 악기 소리 탐색하기, 악기 연주하기 - 여러 가지 악기의 소리를 들어보기 / 연주하기 - 피아노 반주에 맞춰 노래 부르기 / 악기 연주하기	• 음률: 마라카스, 실로폰, 캐스터네츠, 작은 북	
	• 미끄럼틀 이용을 통해 대근육발달을 증진한다.	[대근육] 미끄럼틀 타기 - 차례를 지키며 미끄럼틀 타기 - 바른 자세로 앉아 미끄럼틀 타기	• 대근육: 미끄럼틀, 깔개	
	• 올바른 기본생활습관을 형성한다.	• 기본생활습관 지도하기 - 바르게 인사하기, 실내에서 걸어 다니기, 정리정돈 잘하기		
9:20 ~ 이야기나누기 '실외놀이시설 마당 놀이 기구 소개 I'	• 실외놀이기구의 명칭을 안다. • 실외놀이기구의 바른 사용방법을 익힌다. • 실외놀이기구를 안전하게 사용하는 태도를 기른다.	◎ 이야기나누기 '마당 놀이 기구 소개 I' (중집단) • 자리정돈 및 주의집중 : 코코코 • 활동 소개하기 - 유치원 마당에도 우리가 놀이할 수 있는 놀이터가 있음 - 바깥에서 모래 놀이도 하고 여러 가지 기구를 가지고 노는 것을 마당 놀이라고 함 - 마당은 여러 친구, 형들과 함께 쓰는 곳이기 때문에 지켜야 할 약속이 많음 - 이제 선생님과 함께 나가서 마당에서 지켜야 할 약속을 알아볼 것임 • 마당에 나갈 수 있도록 준비하기 - 화장실 다녀오기 - 겉옷 입기 - 실외화 들고 줄서기	* 유아들을 반집단씩 나누어 동시에 활동을 진행한다. * 동선이 겹치지 않도록 A 집단은 만 3세 종합놀이기구 소개를, B 집단은 네스팅브리지 소개를 먼저 실시한다.	

시간 / 활동명	활 동 목 표	활 동 내 용	준비물 및 유의점	평 가
9:20 ~ 이야기나누기 '실외놀이시설 마당 놀이 기구 소개 I'		• 실외 놀이시설 사용법 알기 - 유치원 마당에 두 집단으로 나누어 줄 서기 - 만 5세 유아들의 도움을 받아 놀이터 사용법에 대해 이야기하기 〈만 3세 종합놀이기구〉 • 이곳에서는 어떤 놀이들을 할 수 있나요? - 미끄럼틀, 경사로, 기어오르기 그물, 흔들다리 지나가기, 원통 기어가기 등 • 여러 가지 놀이를 할 수 있는 곳이라서 '종합놀이터' 라고 불러요. • 미끄럼틀을 탈 때에는 지켜야 할 약속이 있어요. - 미끄럼틀을 눕거나 엎드려서 타지 않고 앉아서 탄다. - 앞사람이 미끄럼틀을 다 타고 일어나서 미끄럼틀을 떠난 뒤에 출발한다. 앞사람은 뒷사람이 내려오도록 빨리 일어나서 미끄럼틀을 떠난다. - 여러 사람이 한꺼번에 미끄럼틀을 타고 내려오지 않는다. - 미끄럼틀에서 거꾸로 올라가지 않는다. • 흔들다리를 건널 때에도 지켜야 할 약속이 있어요. - 양쪽의 손잡이를 잡고 걸어간다. - 다른 친구가 흔들다리를 건널 때 다리를 흔들지 않는다. • 종합놀이기구 위에서 어떤 약속을 지켜야 할까요? - 다른 놀잇감을 손에 들고 올라가지 않는다. - 친구들을 밀거나 당기지 않는다. - 치마를 입거나 구두, 슬리퍼 등 미끄러운 신발을 신은 날에는 종합놀이기구에 올라가지 않는다. 〈네스팅브리지〉 • 이것은 네스팅브리지라고 해요. 어떻게 사용하는 것일까요? - 계단으로 올라가고 나무판을 건너서 반대쪽으로 내려온다. • 네스팅브리지에서는 어떤 약속을 지켜야 할까요? - 올라가고 내려올 때 손잡이를 잡는다. - 나무판을 건널 때 걸어서 건너간다(원하는 유아들은 나무판 위를 걸어본다). • 마당 놀이 시 지켜야 할 약속에 대하여 이야기하기 - 선생님이 보이는 곳에서 놀이하기 - 도움이 필요하면 선생님을 부르기 - 신호악기 소리가 나면 놀이하던 것을 모두 정리하고 선생님 앞으로 와서 줄서기		
9:40~ 실외자유선택활동	• 실외놀이기구의 바른 사용방법을 익힌다. • 실외놀이기구를 안전하게 사용하는 태도를 기른다.	• 약속을 지키며 안전하게 놀이하기	• 탬버린, 비상약품	

시간 / 활동명	활 동 목 표	활 동 내 용	준비물 및 유의점	평 가
10:05~ 정리정돈	• 자기가 가지고 놀던 놀이감을 정리할 수 있다.	• 놀이감 제자리에 정리하기 • 자기가 놀았던 곳부터 정리하기 • 친구의 정리 도와주기 • 화장실 다녀오기 / 물 마시기 • 손 씻고 모여 앉기	• 놀이 후 손을 씻고 모이도록 한다.	
10:20~ 간식 '수프, 모닝빵 1'	• 손을 깨끗이 씻는다. • 음식을 골고루 먹는다.	• 화장실에서 손 씻기 • 간식 먹기 • 간식 먹은 후 언어, 수학 · 조작, 과학 영역 놀이하기	• 간식 준비 및 손씻기 지도 : ○○○ 교사	
10:40~ 실내 자유선택활동		◎ 실내자유선택활동		
11:30~ 정리정돈	• 자기가 가지고 놀던 놀이감을 정리한다.	• 자기가 놀았던 곳부터 정리하기 • 친구의 정리 도와주기	• 쌓기 놀이, 역할 놀이 영역은 3분 전에 미리 정리 신호를 한다.	
11:40~ 동화 '사이좋게 지내요'	• 친구들과 사이좋게 지낸다. • 다른 사람의 생각과 기분은 다를 수 있음을 안다.	◎ 동화 《친구와 사이좋게 지내기》(테이블) • 자리정돈 및 주의집중 : 머리 어깨 무릎 발 • 교사와 상호작용하며 동화 듣기 - 친구의 장난감을 빼앗거나 친구에게 장난감을 빼앗겼던 경험이 있는지 이야기하기 - 친구와 갖고 있던 장난감을 가지고 놀고 싶을 때에는 어떻게 해야 하는지 이야기하기	• 동화 자료 • 낮은 책상	
11:50~ 귀가지도	• 유치원의 하루 일과를 마무리한다.	• 하루일과 평가하기 - 친구와 장난감 나누어 갖기 • 귀가문으로 와서 바르게 줄 서서 기다리기 • 선생님, 친구들과 인사하고 집에 가기	• 유아 이름표 떼기 : ○○○ 교사 • 귀가 줄 서기 : ○○○ 교사	
비 고				
총 평				

참고문헌

김진영(2009). 김진영 동요집. 교문사.

이기숙 · 김희진 · 이경미 · 이순영(1998). 유아를 위한 소비자교육 프로그램. 양서원.

이은화 · 김순세(1973). 어린이 춤곡. 형설출판사.

이화여자대학교 사범대학 부속이화유치원(1970). 노래동산.

이화여자대학교 사범대학 부속이화유치원(1987). 유아를 위한 즐거운 놀이.

이화여자대학교 사범대학 부속이화유치원(1992). 3, 4, 5세 어린이를 위한 유치원 교육과정 운영의 실제 ① 즐거운 유치원. 교문사.

저자소개

홍용희 이화여자대학교 사범대학 부속이화유치원 원장
이화여자대학교 사범대학 유아교육과 교수

오지영 이화여자대학교 사범대학 부속이화유치원 원감

김혜전 전 이화여자대학교 사범대학 부속이화유치원 교사

이지현 전 이화여자대학교 사범대학 부속이화유치원 교사

임예지 현 이화여자대학교 사범대학 부속이화유치원 교사

장현진 전 이화여자대학교 사범대학 부속이화유치원 교사

이화유치원
교육과정 운영의 실제

만 3세 ❶ 즐거운 유치원

2011년 12월 19일 초판 인쇄
2011년 12월 26일 초판 발행

지은이 이화여자대학교 사범대학 부속이화유치원
펴낸이 류제동
펴낸곳 (주)교문사

책임편집 김선형
본문디자인 아트미디어
표지디자인 이수미
제작 김선형
영업 정용섭·이진석·송기윤

출력 아트미디어
인쇄 동화인쇄
제본 한진제본

우편번호 413-756
주소 경기도 파주시 교하읍 문발리 출판문화정보산업단지 536-2
전화 031-955-6111(代)
팩스 031-955-0955
등록 1960. 10. 28. 제406-2006-000035호

홈페이지 www.kyomunsa.co.kr
E-mail webmaster@kyomunsa.co.kr
ISBN 978-89-363-1142-1 (93370)
ISBN 978-89-363-1141-4 (93370) 전 36권

값 15,000원